GUSTAV LANDAUER

グスタフ・ランダウアー［著］
寺尾佐樹子［訳］

自治-協同社会宣言

社会主義への呼びかけ

AUFRUF ZUM SOZIALISMUS

同時代社

Gustav Landauer

凡例

一　本書は、Gustav Landauer : *Aufruf zum Sozialismus*（1911）を翻訳したものです。翻訳のための底本には、Europäische Verlagsanstalt から出版された一九六七年版を用いました。なお、六七年版でイタリック体で記されていた箇所には傍点を付しました。

二　本書では、編者（龍井）による以下の変更・追加が行われています。
・本書のタイトルを『自治-協同社会宣言――社会主義への呼びかけ』としました（「本書使用上の注意」を参照）。
・各章に章見出しを加えました。原文では「マルクス主義」以外はすべて章の数字しか記載されていませんが、本書では、各章に見出しを立て、全体を通し番号としました。
・本文にあるゴシック体の小見出しは、原文にはないもので、読者の理解のために付加したものです。

三　訳者による訳註は最小限にとどめ、本文中の〔 〕内に小さな字で記しました。本文（ ）内の記述は原文にあるものです。

四　本文に登場する人名で、《付録》の人名解説にあるものは▼を付しました。

目次

本書使用上の注意

龍井葉二

1　本書は今から一〇〇年ほど前にドイツで出版された講演録ですが、賞味期限はすぎていません。「国家」「科学」「進歩」といった価値観に対して根本的な疑問を投げかけたこの呼びかけは、二十世紀文明の限界が露呈している今こそ味読されるべき旬のものといえます。

本書が刊行されて以降の約一〇〇年間、つまり二十世紀は「戦争と革命の時代」といわれてきましたが、別の面からいうと「国家」「科学」「進歩」の時代でした。

第二次世界大戦後は、アメリカとソ連を軸とする「冷戦」の時代に移行しますが、その対立も「国家」「科学」「進歩」という同じ土俵の上で展開されてきました。

国民の多くもそうした仕組みのなかに「動員」され、その枠組みのなかでそれぞれの将来像を描いてきたのです。

そして二十一世紀の今日、言いようのない閉塞感と停滞が世界を覆うなかで、成長の限界、資本主義の限界など、さまざまな「限界」が指摘される一方で、この限界を、さらなるイノベーションや発展によって乗り越えようとする動きも根強く存在しています。

確かに、二十世紀を経てきた現在、「その先」が見えない、ということが閉塞感の正体といえるのでしょう。しかし、私たちがめざす社会は本当に「その先」にあるのでしょうか？

そうではなくて、二十世紀を覆っていた価値観そのものが、実はとても異様だったのかもしれません。本書の著者グスタフ・ランダウアーは、世界がまさしく「国家」「科学」「進歩」の世紀に突入していく前夜にあって、こうした価値観に根本的な疑問を投げかけ、それとはまったく異なる方向に進んでいくことを呼びかけました。

ランダウアー自身は、後述するように志半ばで斃れてしまい、その思想はその後の運動のなかでも主流とはなりませんでした。

しかし、彼が示した方向は、現在の日本における住民自治、地域再生、地域金融、ネットワーク形成、労働組合と協同組合の連携、六次産業化の動きや脱成長論などとも深く通底していて、二十世紀を経た今日においてこそ可能性が開けているということもできます。

2　本書は、いまの社会のあり方に替わる手軽なビジョンを提示するものではありません。むしろ、私たちを縛っている発想法そのものの転換を促し、各人が「いま・ここ」から行動を開始することを呼びかけたものですので、ご注意ください。

本書の主要成分は、民衆（Volk）、共同体（Gemeinde）、連合（Bund）、大地（Land）、精神（Geist）などのキイワードですが、その真骨頂は、「国家」「科学」「進歩」に対して、「共同体」「精神」「再生」を対置したことです。

といっても　それは精神主義でも、旧き良き時代への退行ではありません。

ここでいう共同体（ゲマインデ）は、自生的に形成された共同体（ゲマインシャフト）というよりは、自立した個々人が自覚的に作り出すものです。ゲマインデは、地方自治団体や聖教区などで用いられる概念ですが、ランダウアーは、これをもっとも基底的な自治組織として位置づけ、それらを重層的に積み上げることで、官僚制や議会主義に立ち向かうことを構想しました。*1

そしてランダウアーは、私たちがめざす社会を「諸共同体《ゲマインデ》からなる共同体《ゲマインデ》」（一六八頁など）としてイメージするのです。

また、「精神」は、身体や物体と区分けされる観念ではありません。「開拓者精神」「創業者精神」、あるいは「チームスピリット」などに用いられるもので、個々人の「意志の方向」を定めているものです。

＊1：この構想は、『社会主義者』一九一〇年二月一五日号に掲載された一〇項目からなる「政治指針」で具体的に示されており、そこでは「ゲマインデ政治の担い手は職能諸団体で、それらは普通国民議会に集う」「ゲマインデ間の共通の事柄は、郡、州の議会に集められる」「ゲマインデにより設置され承認されるもの以外の公的な権力は存在しない」などの考え方が打ち出されています。

ランダウアーは、社会を動かすのは、まずはこの「意志の方向」であって、合理性でも、必然性でも、科学でもないと考えていて、マルクス主義を「精神を欠如したもの」として厳しく批判するわけです。

一方、「再生」は、ランダウアー独自の歴史観を示すもので、それは、過去から未来へ直線的に進んでいくものではなく、円環的、循環的に回帰するというものです。[*2]

確かにここには、「共同精神」が人々の間に息づいていた中世キリスト教社会への憧憬が見られるわけですが、ランダウアーが呼びかけるのは、過去への後戻りではなく、再生に向けた現在の意志なのです。

そして、社会発展の原動力とされる「生産力」、社会変革の原動力とされる「階級」に対してランダウアーが対置したのが、「大地」[*3]であり「民」（フォルク）です。

とくに「民」は、本書におけるもっとも重要なキイワードの一つで、マルティン・ブーバー（後述）は、「人びとの間に実際に存在するが、しかしまだ団結や連帯ではなく、まだより高次の有機体になっていない結合体」「本質的な共同社会」と説明しています（『ユートピアへの途』）。

ランダウアーが呼び起こそうとするのは、一人ひとりが持っている「意志の方向」を各自が自由に羽ばたかせることであり、予め一つのビジョンを示すことなどあり得ないと考えていました。彼はこう断言しています。

「然るべき人びとが社会主義を望みさえすれば、つまり行動しさえすれば、社会主義は可能です。」（一三九～一四〇頁）

「内面、外面ともに資本主義から離脱可能な状態に自分を置き、その役割を演じるのをやめ、人間

的であろうとし始めた者だけに、解放は存在します。」（一六五〜一六六頁）

その具体策の一つとして提起されたのが、内地入植運動（ジートルング）でした。この運動はその頃すでにドイツ国内で行われていたもので、ランダウアーのオリジナルというわけではありませんが、「離脱」への「第一歩」（一八八頁）として位置づけたのです。

この提起に対しては、当時から、階級闘争の否定だとする批判が浴びせられました。因みに、彼自身がこの運動に参加することはありませんでしたが、彼の死後、イスラレルのキブツ共同体の運動などに引き継がれていきます。*4

3　本書の原題は『社会主義への呼びかけ』ですが、私たちが馴染んでいる社会主義とはかなり異なります。マルクス主義や科学的社会主義の信奉者には目眩などの副作用が生じるかも知れませんが、

＊2：この考え方は、主著の一つである『レボルツィオーン』で詳しく展開されていて、トピーとウトピーの絶えざる交替として革命（レボルツィオーン）を論じています。

＊3：「農業問題は社会問題そのものである」（一七九頁）というのがランダウアーの認識で、こうした側面を「エコ社会主義」の先取りだとする評価もあります（ウルリヒ・リンゼ『生態平和とアナーキー』法政大学出版）。

＊4：日本でも武者小路実篤の「新しき村」などの試みがありますが、ランダウアーが「諸共同体からなる共同体」という社会全体の構想を示していたのとは異なるかも知れません。

そのまま読み続けることをお勧めします。

本書の初版が出版されたのはロシア革命やドイツ革命が勃発する以前のことです。本書でいう「社会主義」は、ロシア革命以後に確立される正統社会主義とは無縁のもので、むしろ「アナキズム」とほとんど同じ意味で用いられています。*5

ランダウアーは、本書でマルクス主義に対する厳しい批判を展開していますが、彼が立ち向かった「国家」「科学」「進歩」は、マルクス主義が共有する特徴でもあったのです。

ここで留意する必要があるのは、こうした特徴は、この講演が行われた当時のドイツ社会民主党や、その後、ロシア革命を経て確立されるマルクス＝レーニン主義に特有のものではなく、マルクス自身にも見られるものであり、マルクス存命中からさまざまな論争が展開されていたことです。

例えば、マルクス主義の基本文献とされるエンゲルスの『反デューリング論』や『空想から科学へ』は、当時、ユートピアンとされていた人たちへの批判ですし、マルクスの『哲学の貧困』は、プルードンの『貧困の哲学』を揶揄したものでした。*6

しかし、権威主義が幅を利かす業界では、これらの基本文献を鵜呑みにするだけで、批判の対象となった文献がまともに読まれた形跡はほとんどありません。*7

また、第一インターナショナルのなかでは、マルクスとエンゲルスの強権的なやり方に対する反発もあった一方で、運動路線をめぐってもバクーニンらとの対立が表面化していました。

つまり、「アナ・ボル論争」はこの当時から展開されていたのです。

ランダウアーが早くから評価していたのが、他ならぬデューリングでありプルードンでしたので、正統マルクス主義から無視され続けてきたのも当然といえるかも知れません。[*8]
また、正統マルクス主義に批判的な人たちでも、ランダウアーの階級観は受け容れにくいかも知れません。
正統派の階級闘争史観によると、資本主義の発展は両極への階級分解をもたらし、その一方の極であるプロレタリアートのみが真の革命主体であるとされ、プチ・ブルとされる農民や自営業者たちは埒外に置かれてきました（七九～八〇頁）。その負のツケは現在にも及んでいるといっていいでしょう。
ところが、冷戦の終結とソ連の崩壊は、社会主義思想を長らく覆ってきた権威主義の終焉でもあり

＊5：事実、ランダウアーが主筆をつとめた『社会主義者』は、アナキスト系の機関誌でした（後述）。
＊6：なお、プルードンは、『哲学の貧困』を読んだ際、その余白にこう書き込んでいました――「私が彼に先んじてそれをのべたことを彼は悔しがっている」と。
＊7：プルードンの『貧困の哲学』は、二〇一四年十一月にようやく邦訳が刊行されました（平凡社ライブラリー）。
＊8：日本での紹介は　これまで三宅立「ランダウアーの社会主義」（大井正他『ドイツ社会主義研究』所収）、田中ひかる『ドイツアナーキズム』、稲村秀一『マルティン・ブーバー研究』など、ごく一部に限られていましたが、二〇〇四年にようやく『レボルツィオーン』が大窪一志氏の訳によって同時代社から刊行されました。

ました。権威主義の下で、解決済みの烙印を押され、処分場送りされてきた思想に、ようやく再評価の道が開かれることになったのです。
ランダウアーの思想も、そうした「社会主義」の新たな可能性を開くものといえるでしょう。

4　この「呼びかけ」は、ランダウアーの生涯のなかで二度にわたって発せられています。最初は、ドイツが戦争に突入していく前夜（一九〇八～一一年）、二度目は、ドイツ革命が勃発した直後（一九一九年）。それぞれの時期の社会状況やさまざまな運動潮流との確執のなかで呼びかけられたものです。そうした状況に思いを馳せると、本書の理解はより深まるでしょう。

ランダウアーの生涯[*9]は、およそ四つの時期に分けて見ることができます。

〈第1期〉文学・哲学からアナキズムへ（1870～1891）

一八七〇年四月七日　カールスルーエでユダヤ人実業家の子として生まれる。八六年、デューリング評価の文章を執筆。八八年からハイデルベルク大学、のちベルリン大学でドイツ文学・思想を学びニーチェに傾倒。やがて社会問題に関心を示すようになり、労働者向け演劇活動を通じてアナキズムに接近。

〈第2期〉雑誌『社会主義者』の主筆として（1892～1900）

社会民主党で党内対立が深まり、アナキスト排除などの動きがあるなかで、一八九二年二月　社会民主党に入党。アナキスト系の機関誌『社会主義者』に寄稿。

九二年秋に縫製女工ロイシュナーと結婚。

九三年五月、『社会主義者』の主筆に。「gl」の署名で多数の文章を掲載。しかし、雑誌はあまり広がらず、九三年以降、数回にわたって逮捕される一方、雑誌も分裂、休刊。しばらく孤立状態に。

九五年一月から雑誌『社会主義者』を再刊（第二次）。「ドイツにおけるアナキズム」を発表。

〈第3期〉思想の深化と執筆活動（1900〜1907）
一九〇三年　女流詩人ラハマンと再婚。[*10]『懐疑と神秘主義』刊行。社会主義インター大会（スイス）に参加。
「新しい社会」などのサークル活動を通じて、ブーバー[*11]をはじめ思想家、文学者、芸術家など多くの人と交流。なかには内地植民運動の担い手も。自身の論文執筆と併行して、マウトナーやエックハルトの著作を刊行。

＊9：大窪一志訳『レボルツィオーン』の訳者解説を参照。
＊10：二人は一時期イギリスにわたり、現地でクロポトキンと接触。後に、クロポトキンやプルードンの著書を翻訳。
＊11：ブーバーは、その著書『ユートピアへの途』（邦訳は理想社刊）で、プルードン、クロポトキン、マルクス、レーニンと並んで一章をランダウアーに充てています。

一九〇七年「30の社会主義テーゼ」を『未来』に掲載。『レボルツィオーン』刊行（ブーバー責任編集のシリーズの一冊）。

〈第4期〉社会主義同盟の結成からレーテ革命へ（1908〜1919）

一九〇八年五、六月に講演「社会主義への呼びかけ」を実施。その際に「社会主義同盟一二箇条」（本書一九七頁以下に収録）を発表し、一九〇九年一月　社会主義同盟機関誌『社会主義者』を発行（〜一九一五年）。一九一一年、本書『社会主義への呼びかけ』初版を刊行（初版の「前書き」は本書一六頁以下に収録）。一九一一年十月、「自由な労働者大会について」を発表。地区ゲマインデにもとづく自立的なグループの連合を呼びかける。内地入植運動には参加せず、再び孤立状況に。その後モロッコ危機に端を発した反戦運動に参加。一九一八年二月に妻が死去し憔悴していたが、盟友クルト・アイスナーに呼び出され、革命運動の渦中に。

その後、[*12]一一月にドイツ革命が起こり、社民党と独立社民党による連立政権がベルリンで誕生しますが、その直前にバイエルンでも労兵農レーテ[*13]が共和国設立を宣言し、独立社民党のアイスナーが首相となります。

そこで焦点となったのが「議会かレーテか」をめぐる路線対立でしたが、アイスナーの態度は明確ではなく、また、アイスナーは、「社会主義は資本主義の発展の後に到来する」という考え方（八八頁参照）に立って、まずは資本主義の再建を進めようとします。

この革命を「予想とは違う」もの（三頁）と見ていたランダウアーは、更なる革命の深化、つまり、レーテを基盤とする「下から」（六頁）の社会革命を呼びかけます。

そのメッセージこそが、一九年一月の本書第二版の刊行でした。この版は「革命版」と銘打たれ、革命後の状況を踏まえた新たな序文が付されました（三頁以下に収録）。

二月にアイスナーが殺害された後、社民党のホフマン政権に移行し、三月には議会が召集されます。しかし、労兵農レーテが実質的に権力を維持し続け、民衆たちはさらに急進化していきます。

こうして四月七日、「バイエルン・レーテ共和国」の設立が宣言され、*14 ランダウアーは教育・文化担当の人民委員（大臣）に就任します。この時、財務担当の人民委員に就任したのがシルヴィオ・ゲゼル、後に人民委員会議長となったのがエルンスト・トラーです。

しかし、この「下から」の革命は、中央政府、社民党、共産党のそれぞれから猛反発を招きます。社民党幹部はもともと議会主義路線をとっており、*15 中央政府は、ノスケ国防相を中心に各地のレー

＊12：以下の記述については、モーレンツ編『バイエルン1919年』（白水社）、ストレーベル『独逸革命とその後』（先進社）などを参照しました。

＊13：レーテ（Räte）＝評議会は、もともとは労働者や兵士の自主的な組織で、政治的傾向も定まっていませんでしたが、やがてソヴエトのドイツ語訳として用いられるようになります。

＊14：共和国宣言案はランダウアーが起草しました。なお、レーテ共和国は中央政府に対し「帝制の帝国主義的・資本主義的・軍国主義的活動を、社会主義という旗のもとに継続している」として、その協力を拒否しました。

テ運動に対して弾圧を行っていましたが、バイエルンでも、一時バンベルクに逃亡していたホフマンによるクーデターが挫折した後は、レーテ共和国弾圧の前面に出てきます。

一方、一九一八年末に結成された共産党は、「下から」の運動を主唱していたローザ・ルクセンブルクが一月に虐殺された後、ロシアから派遣されたレヴィネのもとで共闘を否定する独善的な路線に転じ、バイエルン・レーテ共和国に対しても「エセ共和国」と断定。四月一三日に「第二共和国」を設立し、ランダウアーらは人民委員を解任されます。

ランダウアーはその後も、流血の事態を回避するため第二共和国政府に平和的解決を働きかけますが共産党勢力は強硬路線を貫き、中央政府軍によって壊滅させられます。この混乱の渦中で、ランダウアーはノスケ率いる義勇軍によって逮捕され、移送中の路上で虐殺されてしまうのです。五月二日。享年四九歳。

第二版序文末尾で「いつかは私たちも死ぬ」と記してから、わずか四ヶ月後のことでした。

＋＋＋

以上のように、ランダウアーの生涯は、徹底して自由を追求するとともに、当時の社会民主党主流を批判しつつ、「自治」と「協同」を基盤とした社会の形成を訴え続けるものでした。

そして、本書は、そうした著者の思想と実践が集約された宣言であると同時に遺言でもあるのです。

本訳書のタイトルを『自治‐協同社会宣言―社会主義への呼びかけ』としたゆえんです。

＊15：下部党員は必ずしもそうではなく、レーテ共和国を支えていました。

自治－協同社会宣言

――社会主義への呼びかけ

グスタフ・ランダウアー

第二版の序文

革命は、私の予想とは違うかたちでやってきた。戦争が勃発したが、それは私の予想した通りのものであった。そして私はすでに早い時期から、戦争の中で、崩壊と革命が着々と準備されていたことに気がついていた。

まさに限りなく苦い思いを胸に、私はここに明言しよう。かねてから本書、『社会主義への呼びかけ（*Aufruf zum Sozialismus*）』と、わが『社会主義者（*Sozialist*）』誌に寄稿した論文で私が述べてきたことは、その本質においてすべて正しかったことが明らかになってしまった、と。ドイツにおける政治革命は、いまだに持ちこたえている。そして今、革命は完遂されねばならない。ただ、もし反動が出現し、特権による新たな権力が居座るのであれば、その責任の所在は、まず何よりも新たな経済、さらには新たな自由と自己決定を構築する能力が、革命勢力に欠如している点にのみ求められるに違いない。およそマルクス主義的社会民主主義諸政党というものには、政治を実践し、人間性を憲法として戴き、それを民衆のために制度化し、労働と平和にもとづいて国を建設する能力が欠如しており、それに劣らず彼らには、社会的諸事実を理論的に把握する能力も欠けている。彼らがそれを最悪のかたちで証明してしまったのが、戦前・

戦中・戦後のドイツからロシアにおける、戦争熱から精神性のかけらもない非創造的な恐怖支配に至る中でのことであり、この戦争熱と恐怖支配は本質的に親和性を持ち、実に奇妙なかたちで結びついたのだった。しかし一部報道、また恩寵と奇跡を願ってやまない私たちの希望が教えてくれるように、ロシアのボルシェヴィキが、オーストリアのフリードリヒ・アドラー▼とドイツのクルト・アイスナー▼と同様に、見事な、いや、それ以上に爆発的な成長を遂げていく過程で、ボルシェヴィキ自身とその理論上のドグマおよび実践面の不毛を乗り越え、その連邦制と自由の力によって、中央集権主義と軍事・プロレタリアート的命令系統の頂点に立ち、創造性を獲得し、ロシアの農民精神、トルストイの精神、ある種の永続的な精神をもってして、産業プロレタリアートとその内なる死の教授を克服したというのが本当だとしよう。もしそうだとしたら、それは恐らく彼らの内部で克服されたマルクス主義の力ではなく、もっぱら無上の革命精神によるものに違いない。そしてその精神は、必然性をしかと掌握して速やかに拡散することで、人びと、中でもロシアの人びとの中に埋もれていたものを解放し、秘められた聖性を泉へと運び出し、流れの中に放ったのである。

加えて資本主義は、ゆっくりと着実に社会主義へと転換する気配など見せてはいない。また資本主義は、爆発的に崩壊しながら社会主義を生み出すという奇跡を起こしてもくれない。悪、抑圧、収奪、俗物的悪習などの原理原則に、どうして奇跡など起こせよう。旧態依然とした慣行が、悪質きわまりない疫病に堕してしまった今の時代にあっては、反抗こそが精神であり、精神こそが奇跡をもたらすのである。精神が一夜にしてドイツ帝国憲法を一変させ、ドイツの教授たちが神聖にして不可侵と見なしていた国家の構造を、ドイツの地主貴族《ユンカー》、産業貴族《ユンカー》による過去の一エピソードにしてしまったその時、精神はまさにそれをやってのけたのである。崩壊は迫っている。社会主義だけが救済をもたらすことが可能だが、それは資本主義が開花した結果としてでは決してない。社会主義とは、血のつながらない父親の死骸が朽ち果てる様子を扉の向こうで窺っている嫡子であり、放蕩息子のようなものである。社会主義とは、健全な肉体、すなわち国富と活発な経済活動の絶頂期にある社会の上に、祭りの晴れ着よろしく着せかけるようなものでもない。混沌の中で、ほとんど無から創り出していかねばならないものなのだ。絶望の中で、私は社会主義へと呼びかけた。絶望から、私は大いなる希望と喜びあふれる決意をすくい上げた。かねてから私と仲間たちが魂の内に抱えていた絶望は、今、ここに迫っている。今日急ぎ建設の作業に着手すべき者たちから、希望、仕事への意欲、知識、忍耐強い創造への力が失われることがないよう、切に願うものである。

現在のところ、本書で語られる崩壊に関するすべてがある程度当てはまるのは、ドイツ、そして好むと好まざるとに関わらずドイツと運命を共にしている諸国民だけだ。資本主義そのものが、それ自体に内在するいわゆる不可能性によって自壊したわけではない。独裁政治および軍事化と連動していた特定領域内の資本主義が、それとは別種の、軍事的にはより脆弱だが資本主義的にはより強固な領域内でより自由に営まれている資本主義によって、そして最終的には自国民の怒りの爆発との相互作用の力によって破滅させられたのである。資本主義と帝国主義のまた別の、そしてより狡猾な代理人たちが、どのようなかたちで、またどの時点で崩壊に見舞われるかについて何かを予言するつもりなど、私にはまったくない。いかなる革命もそれ抜きには存在しえないような社会的要因は、いたるところに存在する。しかしながら、そこからのみ革命がゴールへと向かい、暴動以上のものへと転化するような政治的解放への欲求は、民主的な政治革命を経験している国の場合、国ごとにかなり様相を異にする。検討すべき事柄はきわめて多岐にわたると考えられる。その国の政治的流動性が自由であればあるほど、統治制度の民主主義への適応力が高ければ高いほど、革命の到来は遅々として困難なものとなり、社会的困窮、不正義、名誉の喪失がついにみずからの内部から革命の亡霊を呼び寄せ、その結果として実質的な内戦を引き起こしてしまった場合、闘いはより過酷で不毛なものになる。スイスではじめて顕在化したこれらの兆候は——戦争、軍需産業、スイス国内の代理戦争、スイス国外の戦争に起因する腐敗が最悪のかたちで絡み合っていた——創造的な作業を救いがたい無秩序や痙攣から区別できる人びとにとっては、火を見るよりも明らかである［訳註一八四七年にスイスで勃発した内戦、スイス分離同盟戦争を指すと思われる。民主化の進んだ地域＝分離同盟が連邦からの分離を要求。保守派の盟約者団がそれを拒否すると内戦が勃発し、分離同盟は欧州各国に援助を求めたが、イギリスの反対に遭って頓挫。結局盟約者団が勝利するが、この内戦が翌年の二月革命に影響を与えたと言われている］。

革命とは、政治革命以外にあり得ない。社会的抑圧と経済的困窮に立ち向かおうとする人間が隷属的な大衆の中に存在しなければ、革命は隷属的な大衆からの支持は得られない。しかしながら、社会制度、所有関係、経済のあり方の転換は、革命の途上に出現するものではない。下からのみ、振り落とし破壊し放棄できるのである。上からの場合、それがたとえ革命政府によるものだとしても、廃止、命令されるだけである。社会主義は建設され、達成され、新たなる精神の中から組織されなければならない。この新たなる精神が、革命の中で力強く緊密に働いていく。人形が人間になる。俗物の錆びついた心も動かされる。ものの考え方やその否定にいたるまで、確実だったことすべてが揺らいでくる。ふだんは自分のことだけを考えていた悟性が理性的な思考へと姿を変え、数千の人びとがそれぞれの持ち場に就き、あるいは休みなく歩を進め、生まれて初めて全体の幸せのために計画を練るようになるのである。すべてが善へと近づいていく。信じられないようなことが、奇跡が、実現可能な領域へと踏み込んでいく。ふだんなら私たちの魂の内面、芸術の象形やリズム、宗教的信仰の骨組み、夢や愛、躍動する四肢、視線の輝きの中に埋もれている現実が、実現へと向けて突き進む。しかし大きな危険も存在する。旧態依然たる慣行と模倣が革命勢力をも牛耳り、彼らを急進主義的、つまり聞こえのよい言葉と態度を身につけたスノッブに仕立て上げ、さらに彼らは社会の転換は愛、労働、静寂によってのみ可能だということを知らず、知ろうともしないという危険である。

過去の革命の経験にもかかわらず、彼らが知らないことがもう一つある。過去の革命とはすべからく大規模な再生であり、胸躍るような刷新であり、諸民族の絶頂期でもあった。ところが、革命が固定化されたことはほとんどない。結局は、政治権力剥奪のあり方をめぐる転換でしかなかった。政治的自由、成熟、大いなる誇り、自己決定、統一された精神に由来する大衆の有機的・協同主義的結びつき、公的生活における自発的な連合など、それらすべては大規模な均衡化、経済・社会的正義、社会主義によってのみ実現可能なのである。キリスト教精神にもとづいて、すべての人の子の出自、権利、運命の平等がある程度認められている今の時代においてさえ、何らかの形態に偽装された隷属、廃嫡、社会からの追放が存続しているとするならば、真の共同体からなる本源的共同体はいかなる形態をとるべきなのだろうか。満ち足り躍動する精神に駆り立てられた男たちと、芯の強い女たちがつかさどる自由な公的生活は、いかなる形態をとるべきなのだろうか。

精神が支配者となり、確固たる原則となり、決定的な意志となる政治革命は、社会主義、つまり一新された精神による諸条件の転換へと道を切り開くことを可能とする。しかし法令にできるのは、国家の奴隷を新たな産業軍に組み入れる程度のことだ。一方で新たなる正義の精神はおのずと働き始め、その経済のあり方を構築していくはずである。理念は長期的な視点をもってその時々の要求を掴み取り、断固としてそれを形にしていくはずである。今までは理想に過ぎなかったものが、革命から生まれた再生の作業の中で実現されるのである。

社会主義の必要性が、今、ここに迫っている。資本主義は崩壊しつつある。もはや機能していない。資本が機能しているというフィクションは、泡のようにはじけ飛ぶ。資本家をその仕事の流儀、富のリスク、事業の指揮・運営、利潤へと向かわせていたものは、もはや彼に合図を送ってはくれない。資本が収益をもたらす時代、利息と成長の時代は終わった。戦争による狂ったような利益追求は死の舞踏だった。わがドイツが、破滅に、文字通りの破滅に向かうことなどあってはならないとしたら、救済をもたらしてくれるのは、無欲な労働友愛の精神によって満たされ、導かれ、組織された真の労働だけである。新たなる形態を有し、資本への貢納から解放され、不断の価値を作り出し、新たな現実を創造する労働が、人間の必要とする自然の産物を手に入れて加工していく。労働生産性の時代が始まった。さもなくば、私たちは終わりである。既知もしくは新たに発見された自然の諸力を、技術は人類に貢献させるものとして位置づけた。より多くの人が大地を耕し、その産物を加工するほどに、収穫は増えていく。尊厳を保ち憂いなく暮らすことが人類にとって可能となり、他者の隷属を必要とする者はなく、追放する者も、廃嫡される者もいない。生きるための手段としての労働は、誰にとっても苦痛や苦労であってはならない。すべての人が精神、魂、行動、そして神に従って生きることが可能となる。革命と痛ましいほど長く抑圧的なその前史が私たちに教えてくれたこと、それは極端な困窮状態だけが、そして最後の瞬間の心の持ちようだけが、人びとの群れを理性へと、つまり賢明な人びととその子たちにとっては常に当たり前の事実だった理性へと導くということである。もしこの運命の時に、理性、社会主義、精神の導き、精神との接触が人々のもとを訪れないのなら、私たちはいかなる恐怖、いかなる破滅、いかなる困窮、大災害、疫病、大惨事、野蛮な残酷を覚悟せねばならないだろう。

これまでは寄生的な享楽家にしてあるじでもあった資本は、しもべとなるに違いない。共同体、相互性、交換の平等を意味する資本だけが、労働に奉仕できるのだ。苦悩する人びとよ、当たり前の、子供でも分かるようなことを前にして、諸君はいまだに途方に暮れて立ち尽くしているのだろうか。諸君にとって政治的な行動の時となったこの困窮の中にあっても、なお諸君は立ち尽くしているのだろうか。これまで同様、理性の名の下に愚弄され、本能すら失った動物のままで、諸君はかまわないというのだろうか。過ちは、諸君の天にも昇るような大風呂敷と内面の惰性のみに存在するということに、諸君は今もって気づいていないのだろうか。やるべき事は、明らかにして単純である。子どもにでも理解できる。手段は目の前に存在する。周囲を見回す者であれば、理解できることである。革命を導く精神からの命令に、大規模な行動と試みが力を貸す。精神に身をゆだねれば、どんな利害もそれを阻止できない。しかし大規模かつ徹底的に成し遂げようとすると、現在に至るまでの卑劣な言動によって、現状の上、なかんずく大衆の魂の上に積み上げられてきた瓦礫の山が、その途上をふさぐ。そこに一筋の道が開けている。道はかつてないほどに開け、革命と崩壊が手を貸す。少ない人数で、自発的に始めるのだ。今すぐ、あらゆる場所で始めるのである。呼びかけられているのは君だ。君と君の仲間たちなのだ。

さもなくば、終わりは近い。経済状況、国からの要求、国際的な義務のために、資本から収益が奪われつつある。一国民が他国民および自分自身に対して負っている債務は、財政政策的には常に負債というかたちであらわされる。大革命期のフランスは、私有地の分配とともに始まった大規模な均衡化、労働と参画への意欲が幸いして、旧体制の負債とそれに起因する財政的混乱から見事に立ち直り、それが束縛からの解放をももたらした。私たちの革命は私有地を大規模に分配できるし、分配すべきである。新たな農民を創出できるし、また創出すべきである。しかしそれが資本に労働と参画への意欲をもたらすことは決してない。資本家にとって、革命は戦争の終焉に過ぎない。崩壊と破滅である。資本家、彼らの工場主、彼らの商人たちから奪われるのは収益だけではない。天然資源と世界市場が奪われ、今後も奪われ続けていくだろう。加えて社会主義を構成するものの中にも否定的な部分が存在し、もはや何ものもそれを地上から排除することはできない。それはすなわち、労働者が感じている強烈な、そして刻々と高まっていく嫌悪感、資本主義の諸条件のもとで今後も働き続けていくことに対する、労働者の精神的な無力感を指す。

だからこそ、社会主義が打ち立てられねばならない。崩壊のただ中で、困窮、危機、付け焼き刃の対策などの諸条件の中で、それはかたちにならねばならない。日を追うごとに、時を追うごとに、私は言い続けるだろう。いかにして最大級の困窮から徳を打ち立て、資本主義の転覆と活発な大衆の生理的欲求から、新たなる労働者のための機関を打ち立てていくことができるかを。自分を単なる労働者以上のもの、つまり産業プロレタリアートだと考えている者たち、そうした者たちの狭量さ、彼らの精神および感情生活の秩序なき停滞、閉塞感、がさつさ、そして積極的に経済を組織し経済活動を指導することに対する彼らの無責任と無力は、私にとって看過しがたいものである。というのも、人びとを罪から解き放ち、社会的諸条件の産物なのだからと宣言したところで、こうした社会の産物を今と違うように変えられるわけではない。新しい世界は人びとの目的のためではなく、人びと自身の手で建設されるべきなのだ。国、自治体、団体、大工場の管理職員、技術職・営業職および責任者、今やその役割が必要とされていない多くの企業家、法律家、士官の中でも尊敬に値する人びと、刷新を切望する人びとを、謙虚、実践的、堅実で、個人の創意ならびに共同体の精神によって動かされる共助へと呼びかけていくことを、私は決して怠りはしない。*

*もちろんこれは、革命精神に追い詰められてみずから死を選んだ鉱山管理人のヨキッシュ（Jokisch）の思い出に捧げる言葉である。彼は保守たることを望み、みずからの死をもって「社会主義」に働きかけることができると信じていた。革命とは、最良かつ隠された本来の個人を覚醒させ、全体のために自発的、英雄的に犠牲を供させるとものだという意味でなら、彼がしたことは革命的な行為である。なぜ自分の命を放棄するに至ったかを、

現在貨幣と呼ばれている国家による偽金造りに、私は強く反対する。中でも、このいわゆる貨幣を使用して行われている失業保証に私は強く反対する。むしろ、今までどんな職業に就いていたにしても、健康な者全員が新たな経済の確立と最大の危機からの救済に参画するべきであるし、そこでは考え得る最大、最善のことが行われ、打ち立てられなければならない。私が推奨するのは、現在のところ空回りしている軍事的な官僚制を利用することである。それは資本主義下の失業者たちを、救済のための経済となるであろう緊急経済が必要とする場所へと、確実に配置してくれるだろう。最大級の革命的エネルギーを私は呼びかけ、それが救済と真実の社会主義への道を切り開いてくれるだろう。ここで一度、前もって簡単なまとめを記しておこう。本書に記された呼びかけ、そしてそれを補う『社会主義者（*Sozialist*）』誌（一九〇九〜一九一五）の諸論文の中で私が繰り返し語ったことは、以下のようなものである。すなわち、経済と技術がどのような形態にあったとしても、社会主義は可能かつ必要だということ。社会主義は世界市場の大規模産業とは何ら関係性を持たず、資本主義的な工業・商業技術をほとんど必要とせず、それと同じくらい、これらの怪物を生み出した心性を必要とはしていないこと。社会主義は始動すべきだが、精神と徳というものは大規模かつ通常の方法で実現されるものでは決してなく、少数の自己犠牲と先駆者が切り開いた結果として実現されるため、社会主義はつましい諸条件、つまり窮乏と労働の喜びという状況の中から立ち上がり、みずからを堕落から解放しなければならないということ。社会主義とみずからの救済のため、そして正義と共同体の何たるかを会得するため、私たちは田園へと、工業・手工業・農業の統合へと回帰しなければならない。すなわち、ピョートル・クロポトキン▼が、現在その重要性が高く評価されている彼の著書、『田園・工場・仕事場』の中で、集約的な耕作と労働統合の方法について、また知的労働と肉体労働の統合の方法について私たちに教えてくれたものへと、回帰しなければならないこと。協同組合、信用、貨幣の新たな形態など、すべては今、この差し迫りつつある苦境の中で実証されねばならないわけだが、現在生まれつつある意欲さえあれば、それらは実証可能であるということ。自発的に、そして飢えにも脅かされながら、窮状は再出発と再建を要求し、私たちはそれなくしては敗北してしまうということ。


この男は以下の遺言の中で明晰に思考し、それを決然と表明している。

「オバーシュレジエンの鉱山および精錬所の諸君に告ぐ！　言葉をもって諸君に教えるという我々の試みが徒労に終わったため、私は行動で示す決心をした。妬みの対象となっている我々という存在に対して諸君が投げかけている不安は、死よりもたちが悪い。それを諸君に証明するために、私は死ぬ。なので、しかと心に刻みつけて欲しい。諸君は不可能を望んでいるのだということを諸君に教えるために、私は自分の命を犠牲にするのだ。私が墓場から諸君に呼びかける教えは次の通りである。諸君の管理者を虐待、追放してはならない。諸君には彼らが必要だし、狂ったように仕事をする心構えのある者は他にいない。諸君は管理者なしに工場を運営できないため、諸君が彼らを必要としているのだ。管理者不在だと工場は停止して、諸君は飢えるに違いない。諸君とともに、諸君の妻たち、子どもたち、膨大な数の罪なき人びとも飢える。私が諸君に送る心からの忠告は、今まで以上に勤勉に労働することだ。戦前よりもたくさん働いて、諸君の要求がより謙虚なものになれば、十分な食料品を手に入れ、物価のほうも何とかなる。私は諸君のために死ぬので、私の妻と愛する子どもたちが諸君の愚かさのため困窮した時には、彼らを支え、助けて欲しい。

一九一九年一月十一日　ボルシッツヒベルク

以上である。

最後に一つだけ、もっとも重要な点に言及しておきたい。それは、私たちが最大の苦境から最大の徳を作り上げ、恐慌と暫定政府という非常事態における活動から、端緒に就いたばかりの社会主義を作り上げねばならなかったように、私たちが受けた屈辱すら、私たちにとっての名誉となって然るべきだということである。敗北と崩壊から成立した私たちの社会主義的共和制が、戦勝国の民、差し当たりまだ資本主義に熱心な富める者たち、富める者の中ももっとも富める者たちの中で、いかにして存続していけるのかという問題とは、ここでは距離を置くことにしよう。卑屈になることなく、何ものをも恐れず、斜に構えてもならない。諸民族の中にあっても、苦しみながら行動したヨブのように振る舞おうではないか。神と世界に仕えるために、神と世界から離脱しよう。真摯な労働と価値ある生活に喜びを感じられるよう、みずからの経済と社会の制度を構築していこう。ひとつだけ確かなことがある。それは、貧しいながらも自分たちにとって物事が順調に運び、私たちの魂が喜びに満たされるならば、他民族の貧しき者も地位ある者も、誰もが私たちの例に倣うということだ。善によって征服される以上に、この世に抗いがたいことは決してない。私たちは政治的に後進的な、傲慢で挑発的な隷属者だった。私たちにとって運命の必然でもあった災いは、みずからの主人に対して反旗を翻すよう私たちを鼓舞し、私たちを革命へと向かわせた。こうして私たちは、一撃で、私たちを襲ったまさにその一撃で、支配者の地位に就いたのである。私たちは社会主義へと向かわねばならない。自分自身を範とする以外、どうやって私たちはそこへ向かっていけるというのだろう。混沌はそこにある。新たな活気と動揺が出現しつつある。精神あるものが目覚める。魂はみずからを責任感へと誘い、手を行動へと誘う。革命が再生をもたらさんことを願おう。私たちが何にも増して求めているのは、未知、暗闇、深淵から登場する新しく無垢な人びとであるため、こうした再生者、刷新者、救済者が私たち民衆と共にあることを願おう。革命が持続、成長し、困難だが驚きに満ちた時代の中で、新たなる段階へと昇華されんことを願おう。諸民族の使命、新たな諸状況、深遠な永遠と絶対性の中から、新しく創造的な精神が諸民族の中に流れ込み、その精神が新たな諸状況を生み出さんことを願おう。革命の中から私たちのもとに宗教が、行動、生、愛の宗教、祝福し、救済し、克服する宗教があらわれいでんことを願おう。人生とは何だろう。いつかは私たちも死ぬ。誰もが、みな、死ぬ。生き続けることはない。私たちが自分自身の中から作り上げ、私たち自身の手で始動させたもの以外、何ものも生き続けることはないのである。創造は生き続ける。しかし生き続けるのは被造物ではなく、創造の主体だけである。清廉な手がもたらす行動と、純粋で汚れない精神の統治以外、何ものも生き続けることはない。

一九一九年一月三日　ミュンヘンにて

グスタフ・ランダウアー

第一版の序文

自著『レボルツィオーン』（一九〇七年、フランクフルト・アム・マイン）の中で、私は次のように述べている。

「私たちの道が向かうところ。それは今まで通り生きることについて省察し、それが内面的に不可能であると思い至った人びとが、お互いに結びつき、みずからの労働をみずからの消費のために捧げようとするところである。ほどなくすると、彼らは国家が彼らの前に設けた限界にぶち当たるはずだ。すなわち彼らには、基盤が欠けているのである。これはとりもなおさず、今まで私たちが語ってきた革命が、遠い先のことだという理由でまったく語られていない革命へと向かって、前進しているということに他ならない。ここで暗示されている社会の再生に関しても、今の段階では何も語ることはできない。今ここにある兆候と方向性をいかに評価するかという、到来しつつあるものへの期待にかかっているからだ。しかしながら、私はまた別の機会に再び糸をたぐり寄せ、そこで来たるべき社会主義を論じようと考えている」。

以上の言葉で予告した書物を、私はいまだ書くに至っていない。そのため、とりあえずはこの講演録を手にとり、間に合わせていただきたい。しかしこれはあくまでも講演であって、それ以上のものでも、それ以下のものでもないということを、片時たりとも忘れないで欲しい。講演中、いくつかの点について私は簡潔に語らざるをえず、感情的な口調が詳細な論証に取って代わらざるを得ないことも多かった。話は止めどなく続いていく。本書が印刷された講演録だという利点を生かすのである。本書に書かれた一部の文章は、その論証と実現のために一冊の本を必要とするということを、念頭に置いて欲しい。個々の現状について自分の中でじっくりと思いを巡らせるために、時には語るに任せるのである。そうすることで、簡潔に語られたことは、まさに簡潔に語られたがゆえに熟考に値し、徹底的に申し立てを行っていかねばならないということが理解できるかもしれない。

私が講演という形式を選択したのは、他者をみずからの元へと呼び寄せることが、言葉が常に持つ使命のひとつであり、まさにそれこそが、この講演で私が意図したところだからである。確かにこの講演での私は、集会で話すのとは違う話し方をしている。孤独な人が夜間の勤務時間帯に目にするような、不特定多数の集団を前に話しているのだ。

一九〇八年五月二十六日と六月十四日にはじめて講演を行った際、二回目の集会の最後に、私はその内容を「社会主義同盟一二箇条」にまとめ、この初版に付録として収録した。これを機に社会主義者同盟が結成され、当初より同盟への参加を希望していた者たちは、すでにこの集会において参加を表明している。それからほどなくして結成された最初の団体が、ベルリンの「労働（Arbeit）」である。その瞬間、明文化された憲章を持つ、ドイツとスイスで十九番目にして最大の会員数を擁する団体の一つが誕生した。一九〇九年初頭には、隔週刊誌『社会主義者（*Sozialist*）』の刊行が開始され、私と仲間たちは同誌でみずからの理念を追求し、諸民族の状況や出来事、共同体、家族、個人の生活を検証すべく努めている。
私たちはそれ以外にも今までのところ三冊のパンフレットを作成し、それらは現在に至る同盟の活動報告書とともに、一冊の冊子にまとめられ、刊行されている。

一九一一年三月　ベルリン近郊、ヘルマンドルフにて

1　社会主義とは何か？

社会主義を呼びかける人は、誰もがこう考えるはずです。この世に社会主義など存在しない、もしくは存在しないに等しい、かつて存在したこともないし、あるいはもう存在していないものだと。これに対して、こう異議を唱えることもできるでしょう。「もちろん、社会主義も社会主義社会もこの世には存在しない。まだ存在しないとしても、どうしたら実現するかの洞察、知識、経験など、それを達成するための努力は存在する」と。いや、それは違います。私がここで求める社会主義とは、そういうものではありません。私が理解している社会主義とは、むしろ人びとの意志の方向であり、その実現を可能とする諸条件と方法を洞察する力なのです。ただしこうも言えます。こうした社会主義は存在しないに等しく、かつてないほど難しい状況にあると。そこで私は、私の声に耳を傾けるすべての人に語りかけ、そして、私の話に耳をふさぐ多くの人びとにも、いつかこの声が届いてくれることを切に願い、社会主義を呼びかけるのです。

人びとの意志の方向

社会主義とは何か。社会主義というとき、人びとは何を望んでいるのでしょうか。そして今日社会主義と呼ばれているものとは、一体何なのでしょうか。どんな条件下で、また通常発展と呼ばれている社会のいかなる段階で、社会主義は現実になりうるのでしょうか。

精神ある所に民衆あり

社会主義とは、理想の力を借りて新しい現実を創り出していくための努力です。たとえこの理想という言葉が、理想主義者を自称する哀れな偽善者や卑劣な臆病者によって、また現実主義者を自称する無教養なスノッブや似非学者によって信用を落としていたとしても、これだけはまず言っておかねばなりません。衰退、非文化、精神の欠如、貧困の時代にあって、自分たちを取り巻き、その心、生命、思考、感情、意志すらも飲み込もうとするこうした状況に、外面だけでなくとりわけ内面的に苦しんでいる人びとは、そしてそれに抵抗する人びとは、理想を持たなければなりません。人びとは自分たちが置かれた状況が不当で、抑圧され、屈辱的なのを見抜いています。人びとは、まるで沼地のように彼らを取り巻く悲惨な状況に、筆舌に尽くしがたいほどうんざりしているし、人びとは前進するエネルギー、またより良きものを追い求める気持ちも備え、そこから彼らの中に、高潔、純粋、健全、喜びに満ちた人間の共生像が、最高に美しく完璧なかたちで浮かび上がってくるのです。少数、多数、大多数の人びとがそれを求めて行動し、全民衆《フォルク》が、あらゆる民衆《フォルク》がこの新しきものを自分の中で熱心に理解し、外に向けてはその実現を働きかけるのであれば、それがどんなものになるのか、大まかなところではあったとしても人びとは理解できるようになります。すると、「そうなるかもしれない」と人びとが言うことはもはやなく、むしろ、「そうなるべき、そうなるに違いない」と言うようになります。私たちが知っている現在に至るまでの人類史を理解しているのであれば、この理想がありのままに、想像の通り、計算の通りに、まるで紙に書いたのと同じように実現するにちがいないとは言いません。人びとはよく分かっています。理想とは、美と生きる喜びの最高かつ究極の形態であり、人びととの心情、彼らの精神をつかさどるものだということを。それは精神の一部であり、理性であり、思考なのです。しかしながら現実が、一人一人の人間の思考とまったく一致することはありません。もし同じだとしたら、そしてもし私たちが、まずは先取りした思考の中で、次いで外の世界で、そっくりそのまま世界を二重化しているのだとしたら、どんなに退屈なことでしょう。そんなことは今までなかったし、これからもありません。理想が現実にならないにしても、理想を通じて、ただ理想を通じてのみ、私たちの現実はこの私たちの時代の中で創られていきます。もはや可能性すら見いだせず、より優れたものなど何も見いだせなくても、その向こう側に私たちは何かを思い描くのです。その究極のかたちを予感して、私たちはこう言います。「これを求めていたんだ。そうだ、これを実現するために、すべて、すべてを実行に移すべき時が来たのだ」と。まるで啓示を受けたかのように、一人一人が仲間を探します。そして彼は、すでに精神と心に衝撃と雷を受けた、自分以外の人びとの存在を知ることになるのです。彼と志を同じくする人びとにとって、それは空気の中に感じられます。その一方で彼は、軽いまどろみの中にあり、理解力も薄い膜で覆われ、情熱も軽い麻痺状態にあるような、また別の人びとに出会います。今度はそういう人びとが集まり、仲間たちは道を求め、大都市で、小さな町々で、農村で、より多くの人びとに、大衆に語りかけるのです。外的な窮状が内的な窮状の覚醒を助けます。神聖な不満が頭をもたげ、動き出します。それは精神に似たもので――ここでいう精神とは共同精神であり、精神とは絆であり自由であり、また精神とは人びと相互の結合《ブント》であります。これについては、間もなくより明確に見えてくるはずです――、精神が人びとの間に行きわたり、すると精神があるところに民衆《フォルク》が、民衆《フォルク》があるところに前進への足がかりとなるくさびが打ち込まれ、そこに意志があるということになります。意志のあるところに道が開けます。そこでは言葉が重要性を持ちます。しかしそれ以外に道はありません。そして光はより明るさを増し、より深くを照らし、ベール、網、重苦しい沼地の湿気は、上へ上へと引き上げられていくでしょう。ついに民衆《フォルク》は一つになり、民衆《フォルク》は覚醒します。行動が起こされ、活動となります。予想されていた障害も簡単に超えられるもの、取るに足らないものと認識され、その他の障害も力を合わせて取り除かれるでしょう。精神とは快活さであり、力であり、運動であり、この世にそれを阻むものは何一つないからです。そこに私は向かおうとしているのです。一人一人の心の内から、この声が、この抑えがたい希望が、一様に、一気に爆発します。こうして、新しい現実が創造されるのです。最終的にそれは理想とは異なるものとなり、理想に近いとはいえ、まったく同じものにはならないでしょう。それ以上のものになるはずです。なぜならば、現実はもはや期待、憧れ、痛みを抱いた人びとの夢ではなく、生きている人びとの生、共生、社会的な生となったからです。それが民衆《フォルク》となり、文化となり、喜びとなるのです。今日、誰が喜びの何たるかを理解しているでしょうか。恋する男が意識するしないにかかわらず、愛する人こそが人生の、人生が生み出すすべての化身であると感じる時、彼はそれを理解しているはずです。芸術家が、創造する者が、思いを同じくする友と一緒に貴重な時間を過ごす時、あるいは自分の心と作品の中に、いつの日か民衆《フォルク》の間で躍動するだろう美と充足感を予感する時もそうでしょう。何世紀も先を見越して永遠を約束する預言者なども、その一人でしょう。この完全で偉大で魅力的な喜びの何たるかを知る人が、現在どこにいるでしょうか。今はどこにもいません。もう長いこと、一人としていないのです。あらゆる民衆《フォルク》が喜びの精神に包まれ、突き動かされていた時代もありました。革命の時代がそれにあたります。しかしその高揚感の中には十分な明るさは感じられません。その熱狂は、多分に暗く内向したものだからです。人びとは求めてはいましたが、何を求めているのかを理解していませんでした。そして野心家、政治屋、代弁者、利害関係者が再びすべてをぶちこわし、民衆《フォルク》のために準備され、民衆《フォルク》へと成長しつつあったものを、むき出しの欲望と野心が吹き飛ばしてしまったのです。呼び方こそ違いますが、いまだにこの手の代弁者は存在します。彼らは存在し、私たちに手をかけ、私たちを支配しているのです。用心しましょう。これは歴史からの忠告でもあります。

2　没落から上昇への道のり

精神の意揚と衰退

社会主義とは、理想を求めて新しい何かを創造するために一つになった人びとが持つ、意志の方向を指します。

それでは、古きものとは何か、ここまでの道のり、そして私たち自身の時代とはどんなものなのかを検証していきましょう。私たちの時代といっても、今この瞬間という意味ではなく、ここ数年、あるいは数十年を指します。私たちに関わる時代、つまり少なくとも過去四百年のことなのです。

それを心にとめて、まずここで最初に宣言しておきましょう。社会主義とは壮大で長い道のりを伴う事象であると。社会主義は衰退しつつある人びとを、再び高みへと、最盛期へと、文化へと、精神へと導き、そうすることで人びとを一つに結びつけ、自由へと導く助けとなろうとしているのです。

このような言葉は、教授、パンフレットの書き手にとっては耳障りだし、彼ら堕落した連中の考え方を刷り込まれた人の意にも沿いません。彼らが広めた教義によると、人間のみならず動植物に至るまで、この世界全体は最底辺から頂点へと向かう上昇運動の中で理解されるということです。それは地獄の底から天国の高みへと、上へ上へと向かっています。そのため、絶対主義、農奴制、金銭至上主義、資本主義、困窮、堕落などのすべては単なる段階、社会主義への途上にある進化の段階に過ぎないということになります。この時点で私たちは、こうした、いわゆる科学的幻想には与しません。世界と人類史について別の見方をしています。そして別の説明をしています。

諸民族《フォルク》にはそれぞれの黄金時代、文化の興隆期があり、この絶頂期から凋落していくものと私たちは考えています。われわれヨーロッパとアメリカの諸民族《フォルク》は、もうかなり前から、おおよそアメリカ大陸の発見からこのかた、衰退期に入っている民族《フォルク》であるとも言えます。

興隆期を迎えた諸民族《フォルク》は、一つの精神によって治められている限り、その状態を維持します。これもまた、社会主義者でもないのに社会主義者を自認する今どきの社会主義者にとっては、耳障りな話でしょう。

そんな彼らからはダーウィン主義的な傾向が窺えますし、彼らをいわゆる唯物史観の信奉者と見なすことも可能です。これについては後ほどお話ししますので、今は先を急がねばなりませんが、私たちは道々マルクス主義に出会い、その足を止め、面と向かってこう語りかけることになるでしょう。「マルクス主義とは何か。それはわれらが時代の災厄であり、社会主義運動への冒涜である」と。

精神、つまり思想家の精神、感情に魅せられた人びとの精神、愛する人びととの精神、世界についての卓越した知見の中に、自我と愛が溶けあっている者の精神。こうした精神が諸民族《フォルク》を偉大なるものへと、強い結束《ブント》へと、自由へと導いたのです。仲間たちと一緒に共通の何かに結束していこうという有無を言わせぬ欲求が、個々人の中からそこに溢れ出たのです。諸社会からなる社会、つまり自由意志による共同性がそこに出現しました。

こう質問する人もいるでしょう。どのようにして人間は孤立状態を脱し、少人数から数を増やしつつ、仲間たちと団結するための知恵と洞察力を手に入れたのだろうかと。

これはばかげた質問です。こんな質問をするのは、衰退の時代の教授たちくらいのものでしょう。社会は人間と同じくらい古いのです。社会とは原初からある所与の存在なのです。人間のいるところ、人びとは群落、氏族、部族、同業組合となり、ともに移住し、一緒に住み、一緒に働いてきました。自然ではあっても決して義務的ではない共通の精神によってまとまった一人一人の人間、個人が存在したのです（人が動物の本能と呼んでいるものですら、ある種の共同精神です）。

しかし、結びつきを志向する特性と共通の精神に由来するこの自然発生的な拘束力は、私たちが知る現在に至るまでの人類史においては、常に外的なかたちを必要としてきました。宗教的な象徴、儀式、信仰についての観念、祈りの儀式といった類いのものです。

そのため諸民族《フォルク》の中で、精神は常に非精神と、深遠な象徴的思考は常に迷信的な傾向と隣り合わせになっています。結びつきの精神の暖かみと愛の中に、ドグマの硬直と冷たさが広がります。心の深みから沸き上がってくるために比喩でしか表し得ない真実に代わって、意味のない言葉が幅を利かせるようになります。

さらに外的な組織がそこに加わります。教会と外的抑圧を伴う世俗の形態を備えた組織が力をつけ、奴隷制、封建制、さまざまな行政組織や権力、国家などの有害なものに成長していきます。

孤立した個人

すると諸民族《フォルク》の内と外に存在する精神、また個々人から派生して個々人を結びつけている自立性にも、遅かれ早かれ影響が及んでくるのです。精神は個人的なものへと退行していきます。それが内面的に強靱な個人となり、民衆《フォルク》の代理人、民衆《フォルク》の中に精神を孕ませる者となるのです。その際精神は、一人一人の天才の中に宿ります。彼らは強い力を持っているにもかかわらず憔悴し、民衆《フォルク》からの支持はありません。行き場のない根無し草のように空気中を漂う孤立した思想家、詩人、芸術家なのです。まるで遠い昔の夢から甦ったかのように、時として精神が彼らを魅了します。そうなると、ひどく不機嫌な様子で竪琴を放りだして角笛に飛びつき、精神の命じるまま、民衆《フォルク》に向かって来たるべき民衆《フォルク》像を説くのです。その集中力、彼らの内側で激しい痛みを伴ってうずき、しばしば彼らの肉体と魂の限界を超えるほどの表現力、実に多様なその姿、豊かな色彩、リズムとハーモニーの躍動感と切迫感。そのすべてが――芸術家諸君よく聴いて下さい――抑圧された民衆《フォルク》の姿そのものなのです。彼らのもとに集い、葬られ、再生していく、活力に満ちた民衆《フォルク》の姿そのものなのです。

そして彼らと並んで、精神と非精神が同居しているために孤立してしまった個人が出現します。専制君主、富の収奪者、人間を搾取する者、土地の収奪者がそれに当たります。こうした衰退期、転換期の初期の最たる例として挙げられるのが、栄光のルネサンス最盛期あるいは初期バロック時代です。当時この手の人物は、複数の精神的資質をいまだに数多く宿していて、それらの精神は互いに反発しあい、その一部が再び彼らの中に集約されていったのです。どんな重要人物であっても、どんな権力を手にしていても、彼らはいまだに憂鬱、硬直、疎外感、超俗、幻想といった資質を併せ持ち、何人かの場合でいうと、自分より大きな力を持つ幻に似た何かをみずからの中に宿し、孤立した個人としての彼はそのための器としては小さすぎました。彼らの中でもきわめて希有な人物が、まるで悪夢から覚醒したかのように王冠を脱ぎ捨て、民衆《フォルク》のために祈りを捧げようとシナイ山の山頂へと赴いていったのです。

時として、揺りかごの上を妖精が飛び交っていたのではなかろうかと思われるほど、矛盾を抱えた人物も登場します。そんな中から、偉大な征服者、自由の戦士、天才的思想家、自由な空想家、大商人が生まれます。ナポレオンやフェルディナント・ラッサール［訳註　Ferdinand Lassalle 一八二五～一八六四。プロイセンの社会主義者、労働運動指導者。SPDの前身ドイツ労働者同盟の創始者だが、ビスマルクに接近しマルクスと対立。恋敵との決闘で命を落とした］などがそれです。

そして、精神、力、富がその中に逃げ込んでいるこれら孤立した少数の人びとに、精神の欠如、孤独、貧困の中にとり残されたままの、互いに孤立しアトム化された多数の人びとが応えます。それが大衆です。彼らは民衆《フォルク》とも呼ばれますが、行き場を失い見捨てられた人びとの群れにすぎません。憂鬱な疎外感の中で行き場を失った人びと、知らず知らずのうちに民衆《フォルク》の精神がその中に葬られていた、一人一人の少数者です。精神と民衆《フォルク》が再び集い活気を取り戻すのなら、それは行き場を失った人びと、困窮と貧困の中で引き裂かれた人びと、大衆の中においてであるべきで、精神は再びそこへと流れ込むはずです。

死は、空気のように私たちの間にあります。精神のないところには死があるからです。死は私たちの肌を這い上がり、肉の中に食い込んできました。しかし私たちの中、私たちの隠された場所、私たちの内奥の秘密、私たちの夢、憧憬、芸術のかたち、強い意志、深い観想、進行途中の行動、恋人たちの愛、魂の苦境と勇気、絶望と喜び、革命と連合《ブント》の中には、生が、力が、栄光が宿っています。精神は姿を隠し、精神は生みだされ、爆発し、民衆と美と共同社会《ゲマインシャフト》が創られることでしょう。

輝きを放った時代

人類史の時代の中で、後世から見てもっとも輝きを放つ時代。それは民衆《フォルク》の中からの精神の発露という前述の方向性が、孤立した人間の心の谷間や空洞に見いだされることはあっても、それがまださほど進行していない時代です。そこでは、共通の精神、さまざまな社会からなる社会、精神に由来するさまざまな結合《ブント》といった相互関係が最高潮に達し、加えてすでに天才的な人物が動き始めています。しかしそれはもちろん民衆《フォルク》の偉大な精神によってまだ自然と抑制されており、そのため民衆《フォルク》は自分たちの偉業を陳腐に崇め奉ることをしようとはせず、むしろ共同生活の成果と受け取って神聖な気持ちで喜びはしても、先駆者の名前を後世に伝えることは滅多にありません。そのような時代がギリシャ人の最盛期でした。そのような時代がキリスト教中世でした。

そこにあったのは決して理想ではありません。現実だったのです。そしてそのために、崇高、自発性、精神性と並んで、外圧、蛮行、強制的な義務、国家という、前時代の暴力の残滓と後の萌芽が見て取れるわけです。しかし精神はより強靭です。そうです。精神はしばしば、衰退期には忌まわしき悪弊と堕したこれら暴力と従属の諸構造の中にも浸透し、それらをさらに飾り立てます。優れた歴史家たちが隷属状態と呼ぶものすべてが、必ずしも完全な「隷属状態」だったわけではありません。

そこにあったのは精神であって、理想ではありませんでした。精神は生に意味を与え、神聖化し、祝福します。喜び、力強さ、至福をもって、精神は現在を創造し、生産し、満たしていきます。理想は現在から離れて新しいものへと向かいます。それは未来、より良きもの、未知のものへの憧憬なのです。それは衰退の時代から抜け出して、新しい文化へと続く道なのです。

しかし、ここでもう一つ言っておかなければならないことがあります。すでに転換点に差しかかったこれら栄光の絶頂期の時代に先だって存在したのは、いわゆる発展と呼ばれるたった一度の出来事ではなく、離反、融合を繰り返す諸民族《フォルク》が興隆、没落していく複数の時代だったのです。そこにはまた絆の精神が、そこにはまた自由意志による共同の生活が、結びつきへと自然に向かっていく拘束力が存在しました。しかし細部まで美しく輝き、調和と独自性を保つ聖堂の塔が空に聳えていたわけでも、大伽藍が透明な青空を背景に堂々と建っていたわけでもありません。そこにあったのは素朴な集団でした。天才的で主体的な人物はまだ人びとの代理人にはなっていません。原始共産制的な生活です。百年、しばしば千年にもわたって比較的停滞した状態が続いたこともあり、いまだに続いていることもあります。学識豊かで自由な現代人の皆さん、どうか聞いて下さい。停滞とはその時代にとって、そして直近の時代を生きていた諸民族《フォルク》にとっても、文化の兆候なのです。皆さんが進歩と呼んでいる進歩、すなわち、この絶え間のないせめぎ合い、この移り気、新奇なものがまだ新奇なうちにさらに新奇なものを追い求めること、進歩とそれに連動した発展論者的なものの考え方、出会ったと思ったらすぐに別れを告げようとする強迫的な習慣、不安定で休みを知らない性急な進歩、この止まることを知らないもの、この動き続ける熱気。これらいわゆる進歩は、私たちの常軌を逸した状況の、私たちの非文化の兆候です。そして私たちが陥っている堕落状態から離脱するために、私たちはこうしたみずからの堕落の兆候とはまったく異なる何かを必要としています。卓越した技能や系統だった科学がなくても、暮らしの繁栄、伝統の時代、叙事詩、農業、田園での手工業をともなった土地や諸民族が過去にはありましたし、現在もあると申し上げておきましょう。その最盛期と比較するとさほど輝きを放たず、記念碑や廟の数も少ない時代が素晴らしいのは、後継者がいるから、時代そのものがいまだにまばゆい若さを宿しているからです。むしろゆっくり、ゆったり、快適と呼んで差し支えない暮らしがそこにはあります。魔法のような高圧的な力を備えた自意識を持つ精神はまだそこには存在しませんが、すでにみずからを個別化し、高貴な使者のごとく地上に降りてきて、魂をその呪縛のもとに置こうとしています。このような時代もありました。そしてこのような民族《フォルク》も存在します。そしてこのような時代は、再び巡ってくるのです。

そのような時代、精神は隠れているように見えます。それを認識できるのは、注意深く探ったとしてもその外側だけです。社会生活の形態、共同社会《ゲマインシャフト》の経済制度に関してだけなのです。

衰退、精神の喪失、専制、搾取、国家暴力の初期段階から自分を救い出すとき、人びとはすべてのはじまりへと、原初の段階へと、これらの時代に先立つ最初の段階へと繰り返し踏み込んでいくのです。その際、豊饒な静けさの中を新天地に向けて大地をゆっくりと移動し、未知の闇の中から、どこか遠くの土地から若々しく颯爽と侵入してくる諸民族《フォルク》の助けを借りることも多々あります。このようにして、後期帝政時代のローマ人とギリシャ人は若返りの水から浮かび上がり、再び幼子へと、再び原初の状態へと回帰して、当時東方から彼らのもとにやって来た新しい精神を受け入れるほどに成熟することができたのです。人間性に、その永遠の衰退、その永遠の再生に共感する者ならば、後期ギリシャ芸術とも呼ばれる初期ビザンチン芸術の作品ほど、魂を高揚させると同時に苦悩させ、同時にまるで幼子のような敬虔な確信を抱かせるものはありません。どれほどの堕落、どれほど途方もない再生力、どれほどの恐怖とどれほどの魂の苦悩を通り抜けながら、何世代もの人びとが、洗練され優美な形式主義と熟練の技が持つ恐ろしいまでの冷たさから、この畏敬の念すら抱かせる誠実な心性、この幼子のような単純さ、あらゆる身体性をもはや正しく認識できない状態へと向かって、そこを通り過ぎていったことでしょう。目と手が造り上げる熟練の技は、魂がそれを不潔で苦々しく思って唾棄しないのであれば、世代から世代へと、芸術と手工業の中に受け継がれたはずです。こうした苦悩とともに生気を与えてくれる光景を目にすることは、私たちにとって、またそこから学ぶ術を知るすべての人びとにとっ

救いは進歩と技術から？

て、どんなに大きな希望、どんなに深い慰めとなってくれることでしょう。なぜなら、そういう人びとはよく理解しているからです。進歩も技術も高度な技能も、私たちに救いと恩恵をもたらしてはくれない。そして大きな転換は、精神から、私たちの心の深み、私たちの心の豊かさからのみやってくるということを。ここで私たちは、それを社会主義と呼ぶのです。

しかし、遠方からの人びと、未知の人びと、突発的な出来事、予期せぬ出来事が、この世界のどこか外側の闇の中から姿をあらわすことなど、私たちにはもう起こりえません。過去と類似のことが、私たちの身にそっくりそのまま降りかかることは、もうないのです。地球の表面を私たちはすでに知っています。私たちはそれに手をかけ、ぐるりと眺め回します。数十年前までは、数千年前と同様に私たちから切り離された存在だった、例えば日本人や中国人のような民族《フォルク》は、彼らの停滞を私たちの進歩に、彼らの文化を私たちの文明に置き換えることに熱心です。同じような段階にあるその他のより弱小な民族《フォルク》は、私たちによって根絶やしにされるか、キリスト教とアルコールを使って収奪されてきました。次は私たち自身の中から刷新がもたらされるかもしれません。もしかしたらアメリカ人のような新たな混血民族《フォルク》、ロシア人やインド人のような古い段階にある民族《フォルク》、また恐らく中国人も、その際大いに私たちの力になってくれるかもしれません。

ある種の堕落状態から再び立ち上がり、次いで刷新された原初の文化、つまり共産制という輝かしい興隆の時代へと脱出していった人びとに向けて、新たな精神が、目に見える、触れられる、言葉にできるようなかたちをとって合図を送ってくれるなどという事例は、長きにわたってほとんどなかったように思われます。魔力で人を屈服させるような圧倒的な幻想の輝きは、そういう人びとにとっては無縁のものだったのです。しかし彼らは、迷信を、悲惨にして二度と甦ることのない過去の最盛期の遺物を克服してきています。彼らは地上ものだけを求めます。そして彼らの生活は、正義の精神、その制度、共同生活、労働、彼らの労働と物資の分配によって新たに満たされたのです。正義の精神、それは地上の活動であり、自発的な連合《ブント》の創設であり、後になってから地上の活動を共同体にすりかえ、さらにはそれをもとより妥当なものであったかのようにしてしまう天国的な幻想より、こちらのほうが正しいのです。

　ここで私が語っているのは、数千年も前の未開人の話でしょうか。アラブ人、イロコイ連邦［訳註　北米の先住民族が結成した連邦国家］、グリーンランド人の祖先について話しているのでしょうか。

　それは私には分かりません。彼らいわゆる未開人の過去そして現在における変遷と起源について、私たちはほとんど何も知らないのです。伝承も信じるに足る証拠もほとんど持ち合わせていません。私たちに分かっているのは、未開人、野蛮人とおぼしき人びとが存在した、いわゆる原初の状態というものは、思考能力以上の教育を受けてしまった専門家の多くが知っていると思い込んでいるように、それが人間性の始まりだったかと訊かれれば、決してそうではなかったという事だけです。私たちはこのような始まりについては何も知りません。「未開人」の文化ですら、どこかしら人類の深淵からやって来たのです。ひょっとすると、今、私たちが抜け出そうとしているものにも似た、本物の野蛮の中からかもしれません。

　しかしながら、私が話しているのは私たち自身が属する民族《フォルク》のことです。私たち自身のことをお話しているのです。

　私たちは衰退の途上にある民族《フォルク》なのです。開拓者や先駆者たちは、愚かな暴力、屈辱的な孤立状態、個々人の諦めにうんざりしているのです。私たちは、下り坂にある民族《フォルク》なのです。そこにはもはや絆の精神はなく、しかしその残滓、無意味な迷信、その卑しい代用品としての外的な暴力、国家があるだけです。私たちは没落の途上にある民族《フォルク》であり、ゆえに過渡期の民族《フォルク》なのです。その前衛の闘士たちは、地上の生活に何ら賢明なものを見いださず、信じるに足る、神聖であると宣言するに足る天国的な幻想も見ていません。私たちは、再び上昇へと歩み始めることができる民族《フォルク》です。それを可能にするのはただ一つ、精神だけです。共同体生活における地上の事柄をめぐる正義の精神なのです。私たちは、社会主義によってのみ救済され、文化へと導かれる民族《フォルク》なのです。

3 精神を欠いた世界

このように、私たちの時代は時代と時代のあいだにあります。それは、どのようなものなのでしょうか。

精神の不在

絆の精神はあるのでしょうか。確かにここでは、精神という言葉が頻繁に使われています。ひょっとすると、私たちの同時代人、中でも社会主義者と呼ばれる人びとが、精神を行使しないのみならず、精神を語ることもめったにないため、そう思えるのかもしれません。彼らは精神を行使せず、現実的、実践的なことも行いません。現実的に考えないなら、どうして現実的な何かを創造できるでしょう。人びとを内面から突き動かし、共通の関心事のため、消費財の生産と分配のための共同作業へと向かわせる絆の精神など、そこには存在していないと言えましょう。空を飛ぶひばりのさえずりのように、あるいはどこか遠くから聞こえてくる合唱の声のように、すべての地上の労働とあらゆる勤勉な活動の上に漂う精神、芸術、地上の熱心な行動を称揚する精神は、そこには存在しません。対象物、自然な衝動、充足感、祝祭を、必然性と自由で満たしてくれるような精神は、そこには存在しないのです。すべての生を永遠性に結びつけ、私たちの五感を聖別し、すべての肉体を完璧に整え、すべての変化を喜びに、躍進に、転換に、そして大変動に変えてくれる精神は、そこには存在しないのです。

では、何が存在しているのか。それは世界を創造した神です。この世界を罪から解放してくれた子の父である神なのです。しかし、それもまたくさんです。昔ならば十分に意味を持っていた象徴の、理解不可能な残滓など、もうたくさんなのです。それは今では文字通りに解釈され、一字一句にいたるまで奇跡の物語としてすっかり信じられ、その物語によると、いわゆる魂、そして肉体ですら、墓所で朽ちた後もすべてが天国の喜びにあずかれると信じられているのです。もうたくさんです。こうした精神は非精神です。真実とも生とも無関係です。もし何かが間違っているというなら、こうした観念自体が間違っているのです。

そして我らが学識者にはよく分かっているのです。もし民衆が、民衆の大部分が、まがい物、不正義、堕落の精神にがんじがらめになっているのなら、どれほどの数の学識者もまた嘘と卑劣の精神に絡め取られているかということが。

その一方で、民衆と学識者のうちどれほど多くの人びとが、もはや精神に何の関心も抱かずに、こう考えていることでしょう。そんなものにかまけるなんて、なんて無駄なことだろうと。

学校では子供たちに真実にあらざることが教えられ、親たちは自分の子供の思考を間違った方向に向かわせるように強制されています。古い宗教を強要されて育てられる貧しい子供たちと、あらゆる種類の疑似的な啓蒙や控えめな懐疑を教えられて送り出される金持ちの子供たちの間には、きわめて深い溝が残されています。貧しい子供たちは蒙昧、従順、臆病なままに、一方金持ちの子供たちは、中途半端で軽薄な人間に育ちます。

私たちの時代、労働とはどうあるべきでしょうか。何のために労働するのでしょうか。

そして、労働とは一体何なのでしょうか。

労働とは何か？

私たちが労働と呼ぶところの労働を知る動物はほとんどいません。蜜蜂、蟻、白蟻、そして人間だけです。巣作りと狩りに熱心な狐も、巣をかけ、昆虫を捕まえ、穀物を探す鳥も、みな生きるための努力はしています。しかし労働はしてはいません。労働とは技術です。技術とは共通の精神、そして事前の備えです。精神、事前の備え、共同性なきところに労働は存在しません。

私たちの労働を決定する精神とは、どのようなものなのでしょうか。事前の備えとは何を指すのでしょうか。私たちの労働をつかさどる共同性とは、どんなものなのでしょうか。

それは次のような様相を示し、次のような仕組みになっています。

つまり、大地とそこでの居住・産業・活動の可能性、大地とその天然資源、大地とそこで過去から受け継がれてきた労働手段が、ごく少数の人間の手に握られている状態です。土地所有、金銭的な富、人間の支配というかたちをとった経済的、個人的な権力を求めて、こうした少数者が押し寄せているのです。

彼らは物を生産させます。その際、一群の販売代理店や訪問販売員の協力、もっと平たく言えば、もっともらしい噂話、卸売業者、小売業者、新聞による忠言、ポスター、花火、魅力的なパッケージの力を個別の物資の状況に応じて借りられれば、市場はそれを受け入れるだろうと信じているのです。

しかし彼ら自身も分かっています。市場が彼らの商品をよろこんで受け入れない、あるいはまったく受け入れない、少なくとも希望価格では受け入れないことを。そこで彼らは市場に製品を投下し続けなければなりません。彼らの生産設備と企業は、相互的かつ有機的につながっている特定の人びと、住民組織《ゲマインデ》、大規模な消費組合、あるいは民衆などの需要ではなく、むしろ彼ら自身の機械設備のほうを向いているからです。そして機械には、まるで車輪に縛り付けられたイクシオン〔訳註　ギリシャ神話の登場人物。ゼウスの妻ヘラを誘惑しようと試み、その罰としてゼウスに燃えさかる車輪に縛り付けられた〕のごとく、数千人の労働者がつながれています。その機械でごく部分的な仕事をする以外、彼らは他に何もできないからです。

彼らが人類を滅ぼすための大砲を作っていようと、糸の切れ端を紡いでいようと、エンドウ豆の粉から辛子を作っていようと、どうでもよいのです。彼らの商品が必要とされているのか、役に立っているのか、意味がないのか、美しいか醜いか、上品なのか下品なのか、品質が良かろうが悪かろうが、どうでもよいのです。ただ買い手がついて、金になるのであれば。

大多数の人間は、大地とその産物、大地と労働の手段から分断されています。彼らは貧困と不安定な状況を生きているのです。彼らの暮らしには、喜びも意味もありません。彼らは、自分の暮らしとは何の関係もない物を作っています。彼らから喜びを奪い、彼らを無気力にするような働き方をしています。多くの人びと、大衆は、しばしばその頭上に屋根もなく、凍え、飢え、朽ちていくのです。

栄養不足に加えて暖も取れないため、彼らは結核やそれに似た病に冒され、寿命を全うせずに死んでいきます。貧弱な住居と困窮、汚れた空気、汚染された住居でも健康を維持できていた者たちも、しばしば工場での過剰な労働、不快な粉塵、毒性の物質や蒸気によって健康を損なっていきます。

悲惨な労働者生活

彼らの生活と自然とのつながりは、皆無もしくは微々たるものです。彼らは情熱、喜び、真摯さ、内面性とは何か、震撼、悲劇とは何かを知りません。身を以って経験したことがないのです。笑いもしなければ、童心に返ることもままなりません。彼らは我慢を重ね、自分たちがどんなに我慢しているかも知りません。彼らはまた精神的にも、粉塵と汚れた空気、濃い煙のような醜い言葉、忌まわしい娯楽の中で生きています。

彼らが集い、彼らなりの社交の場として使われているのは、晴れ晴れとした空の下の自由な市場でも、高らかな自由と永遠の下、固い結束を模して造られた大天蓋でも、住民組織《ゲマインデ》の集会所でも、ギルドの集会所でも、公衆浴場でもありません。彼らの公共の場は居酒屋です。

そこで飲酒にふけり、もはや酔いつぶれないでは生きていられないこともしばしばです。彼らが酔いつぶれるのは、しらふの状態をまったく知らないからなのです。

そこで必要不可欠かつ決定的になるのが、きわめて多くの人びとが働きたいのに働けないこと、多くの人びとが働けるのにその意欲を持てないことです。きわめて多くの胎児が母の胎内で、きわめて多くの子供たちが誕生後に命を奪われることなのです。きわめて多くの人びとが、一生の長い年月を監獄や救貧院で過ごすことです。

人びとは監獄や刑務所を建て、絞首台を立てねばなりませんでした。財産と生活、健康、健全な肉体と性に関する選択の自由は、悲惨な状況にある者たち、堕落した者たちのために常に脅かされています。いまや反逆者や凶悪犯が脅威となることはあまりなく、強盗にはかつてほどの大胆さもありません。その代わり、今では数え切れない数の泥棒、空き巣、詐欺師、殺し屋と呼ばれる臨時雇いの殺人者が存在します。

聖職者と道徳にがんじがらめになった市民階級は、こうした気の毒な人びとが動物呼ばわりされるのを憤りますが、私たちに下されている罪深き無罪判決とひきかえにいわれなき罪を被ってくれているのは、こうした人びとなのです。人びとは彼らを、家畜、豚、山羊、動物と呼びます。しかし皆さん、彼らを見て下さい。彼らは子供にしか見えません。死体置き場に横たわる彼らをよく見て、その特徴をじっくりと凝視して、しかと心に刻みつけて下さい。自分のことだけにかまけてはいけません。あまりにも長い間、あなた方は自分のことにかまけるばかりで、そしてあまりにも長い間、自分の上等な服、自身の肉体、邪悪なまでに繊細な感情ばかりに気をとられてきました。健全なる市民諸君、隠棲者、育ちの良い青年たち、慎み深い少女たち、立派なご婦人たちよ、貧しきもの、悲惨なもの、底辺にあるもの、犯罪者、娼婦を見るのです。目を向けて、そこから学ぶのです。あなた方の無実こそがあなた方の罪であり、あなた方の罪はあなた方の生き方にあるということを。

彼らの罪は恵まれた人びとの暮らしそのものにあるのです。ただ彼らにしたところで、長い間まったく無邪気に過ごしてきただけではなかったし、黙って眺めているだけでもありませんでした。困窮と精神の欠如は、許しがたい醜悪さ、収奪、孤独を生み出します。経済的な豊かさと精神の欠如は、孤独、空虚、嘘と一対です。

そして、貧者と哀れな金持ちの双方が出会う地点、場所があります。性に関する困窮において彼らは出会うのです。中でも哀れなのは、自分の肉体の他に何も売るものを持たない若い女たちです。中でも悲惨なのは、街角にたむろし、自分の性的欲求がどこから来るのかも知らず、それを持て余している若い男たちです。市場、大聖堂の伽藍、寺院、地域の集会場は、今の時代、すべての人にとって共通の場とはなりえません。ところが今やそうした場には力と金が住まい、本来なら精神が寛ぐべき場から快楽がきれいさっぱり消え失せているため、それを買おうとする人びとと、忌まわしい代用品を売ろうとする人びとが生まれます。欲望が商品に転化する場では、上流階級の魂と下層階級の魂の間に違いはありません。ゆえに娼館は、この我らが時代の代議会のようなものです。

非精神の極としての国家

こうしたあらゆる精神性の欠如、無意味、混乱、困窮、堕落の中に、秩序と今後の生存の可能性を打ち立てるため、国家が存在するのです。国家には学校、教会、裁判所、監獄、矯正院があり、国家には軍隊と警察があり、国家には兵士、官吏、娼婦がいます。精神と内面からの衝動がないところに、外的な暴力、統制、国家があるのです。

精神があるところには社会があります。精神なきところには国家があります。国家とは精神の代用品なのです。

逆もまた真です。

つまり、精神に似た、それと同じような働きをする何かが存在しなくてはなりません。生きている人間は精神なしでは一瞬たりとも生きられず、その一方で、唯物論者は誠実でありたいと望んでいるようです。しかし彼らは、何が世界と生命を構成しているかをまったく理解していません。私たちを生かしているのは、どのような精神なのでしょうか。私たちの労働をつかさどっている精神は、すでにお話ししたように一方で金銭であり、また一方では困窮です。私たちの肉体と人格を高揚させている精神は、下のほうでは迷信、売春、アルコールです。それが上のほうではアルコール、売春、贅沢となります。そしてこのように、ありとあらゆる精神が存在しては消えていきます。そして個人を全体へ、民衆へとまとめ上げる精神は、今日では国民《ナツィオン》と呼ばれています。本来的な共同体《ゲマインデ》に由来する自然発生的な拘束力としての国民は、根源的には美しく、根絶しがたい精神です。国家および過酷な暴力と融合した国民は、人為的な粗悪品、よこしまな無知を意味しています。それでもなお国民は精神の代用品なのです。それは有害物質にして酩酊となるための手段でもあるスピリッツ類と同じように、人びとにとって不可欠なものになりました。

国境を持つ国家と対立を抱えた国民は、もはや存在しない民衆精神と共同体精神の代用品です。国家という理念は、精神の人為的な模倣、疑似的な幻想、目的なのです。こうした目的は相互に何の関連性も持たず、大地に根ざしてはいません。共通の言語、習慣、経済生活（今日の経済生活がいかなるものかはすでに見た通りです）の利害という崇高なもろもろの関心事が、精神によって相互に、そして一定の土地の領域に結びつけられていたのとは、様相が異なります。警察、国境、個人財産を管理する制度すべてを手にした国家は、精神と目的を持って集まった集団に代わる不幸な制度として、人間のためにそこに存在します。すると今度は、理想的な制度、自己目的、すなわち精神のふりをしている国家のために、人間が存在しなければならなくなります。精神は、すべての人の心と魂が宿る肉体の中に等しく存在するものです。自然な衝動を持つ、紐帯の性質を持つものとして人びとの中から爆発し、すべてを結合《ブント》へと導くのです。国家は一人一人の内面に決して宿らず、国家が個の資質に変わったことは決してなく、自発的なものになったことも決してありません。精神世界が支配する中心、すなわちつまり心臓が鼓動し、人間の生きる肉体の中で自由で個性的な思考が存在する場所に、国家は命令と規律の中央集権体制を据えます。かつては共同体、部族、ギルド、信心会、組合、社会が存在し、それらすべてが重なり合って社会を形成していました。今あるのは強制、条文、国家です。

加えてこの国家は無であり、無であることを隠蔽するために、国民性という外套をみずからに着せかけて欺き、そして人びとをつなぐ繊細かつ精神的なものである国民性を、それとは何の関わりも持たず、存在すらしない特定の地理的領域または地域的共同体に結びつけて欺くのです。すなわちこの国家というものは、精神であり理想であることを志向し、そのために何百万もの人びとが熱と死に浮かされながらお互いを殺し合う、この世のものとも思えないような事態へと至ります。これが、真の絆の精神が消え失せてしまったために姿を現した非精神の、極端で究極の形態です。そして今一度言っておきましょう。自然発生的な精神の結びつきという生き生きとした真実の代わりに、この身の毛もよだつ迷信を信じないとしたら、人びとは生きてはいけません。そうでもしなければ、人びとはこの命と絆の不在という恥と退廃の中で窒息して、乾いた汚物さながら、ゴミの山に落ちていくからです。

以上が私たちの時代の概要です。時代と時代に挟まれて、それはここにあります。私の言葉に耳を傾けて下さった皆さん、感じていただいたでしょうか。その耳で聴いて、全人類の代表として感じていただいたでしょうか。私が今の説明ではほとんど何も語れなかったということを。それが重要なことであり、皆さんのためになるからこそ、この恐ろしい事実について語らないではいられず、また、このような屈辱的な環境のすべてが、もうずいぶんと前から私の存在理由、私の生活、私の身体的特徴だけでなく、表情の一部にもなっていたため、自分の中ではもはや意識する必要もなくなったこの事実に、みなさんの喚起を促さないではいられないことを。私がこんなにも頑張ってきたこと、一人で負うには余りにも重い荷を背負ってきたこと、すでに息も絶え絶えで、心臓の鼓動も激しくなってきたことを。

こうした脅威のもとで苦しんでいるすべての皆さん。私の声と言葉の響きに耳を傾けるにとどめないで下さい。私の沈黙、くぐもった声、声のつかえ、私の恐怖にも耳を澄まして下さい。それに加えて、私の握り拳、私のゆがんだ表情、身振りにあらわれた決死の覚悟をご覧になって下さい。そして何よりも、この話の不備な点と、私自身の表現の至らないところも考慮して下さい。

それもみな、私と同じくこれ以上耐えられなくなっている人びとに、私の話を聞いていただきたい、私といっしょにいていただきたい、私とともに歩んでいただきたいからなのです。

4　社会主義の本分と実際

社会主義とは、理想を求めて新しい何かを創造しようと一つにまとまった人びとの意志の方向です。

文化運動としての社会主義

なぜ新しい何かが創造されねばならないか、私たちはそれをここで見てきました。私たちは、古きものを振り返ってきました。そして今一度、恐怖に震える私たちの目の前に、現実を引き出してきました。一部の方の期待を裏切ることになるかもしれませんが、私たちが求めている新しきものが、全体としてどのように構築されるべきかを、私はここで語りません。理想を叙述するつもりも、ユートピアを描写するつもりもありません。ここで語るべきことをざっと概観して、私はそれを正義と名付けました。私たちをめぐる現状と、私たち人類について、ひとつの像を描き出してみました。理性と良識、それどころか愛さえ伝道していれば実現するなど、一体誰が信じるでしょうか。

社会主義とは一つの文化運動であり、諸民族の美、偉大さ、豊かさをめぐる戦いなのです。社会主義を、何百年、何千年前に由来するものと捉えない者に、社会主義は理解できませんし、社会主義を導くことはできません。社会主義を今後も続く長く困難な歴史として把握しない者は、社会主義について何も理解していないのです。それはすなわち、凡庸な政治家は社会主義者ではあり得ないことを意味しますが、この点に関してはこれからお話ししていきます。社会主義者は、社会と過去の全体を把握します。私たちがどこから来たのかを心と頭で把握し、その上で、私たちがどこに向かうかを決めるのです。

これこそが、社会主義者を政治家から区別する特徴です。すなわち、社会主義者は全体を志向すること、社会主義者は私たちの状況をその総体、生成の中で把握すること、社会主義者は普遍性を考えているということなのです。加えて社会主義者は、現にある私たちの共生の形態すべてを拒絶し、全体、普遍、原則的なもの以外は彼にとって意味をなさず、その実現以外を目標にすることもありません。

社会主義者が拒絶するものだけが、目指そうとするものだけが、社会主義者にとって普遍性、包括性を持っているのではありません。彼の手段も、個別事項に固執するものであってはなりません。社会主義者が行く道は、わき道ではなく王道なのです。

従って社会主義者とは、思考、感情、意志においてて統合的にものを捉える人、それを多方面に集約する人でなくてはなりません。

彼の中で優越しているのが大いなる愛でも、空想でも、明晰な観察でも、嫌悪感でも、あるいは荒々しい攻撃性でも、すぐれた合理的な思考であっても構わないし、またそれ以外の何が動機であっても構いません。彼が思想家であっても、詩人であっても、闘士であっても、預言者であっても構いません。本物の社会主義者ならある種の芸術、普遍的な生を備えているはずです。しかし決して教授、弁護士、会計士、些事にこだわる者、街角の衒学者、どこにでもいる凡人にはなり得ません（ここで言っているのは具体的な職業ではなく、人品の問題です）。

今こそ、話すべきことを話す時なのです（ここまでお話ししてきたのですから）。それはすなわち、今日社会主義者を自認する者に、誰ひとり社会主義者はいないということです。現在社会主義と呼ばれているものは、社会主義とは何の関係もありません。いわゆる社会主義運動においても、現代のあらゆる組織や制度と同じように、精神のあるべき場所にはみすぼらしくも卑劣な代用品が居座っています。しかし社会主義の場合、見せかけだけの代用品は特にたちが悪く、それに気づいた人びとにとってはきわめて露骨で愚かしく、それに騙されてきた人びとにとっては危険きわまりないものになっています。こうした代用品とは、精神の矮小化、模倣、まがい物を指します。精神とは、全体を生き生きとした普遍性において把握することです。精神とは、例えば人間のような孤立したもの、事柄、概念をつないでいるものです。精神とは、転換期においては熱狂、激情、勇気、闘争です。精神とは、行動と建設です。今日社会主義を詐称しているものもやはり全体性を把握し、細部を普遍的な集合体の下に置こうとしています。しかしそこに生きた精神はなく、それが見つめるものが生命を獲得することはなく、普遍性がかたちになることもなく、何の洞察力も衝動も持たないがために、その普遍性は真の科学にも意志にもなりえません。いたるところで精神は、風変わりで滑稽な科学的迷信に取って代わられています。この異様な学説が、まがい物の精神であるのは驚くに値しません。その起源からして、本物の精神のまがい物、つまりヘーゲル哲学を前提にしているのですから。みずからの実験室でこの薬を調合した者の名前がカール・マルクスです。カール・マルクス教授です。彼は、精神性に優れた知識の代わ

見せかけの代用品

りに科学的迷信を、文化の意志の代わりに政治と政党を私たちのためにもたらしてくれました。しかしこれから見ていくように、彼の科学はその政策とすべての政党活動において矛盾し、さらには日を追う毎に現実とも矛盾しています。彼の科学が代表するような、その根本からしてまったく偽りの疑似的な普遍性は、個別の現象の生き生きとした意義や日常の現実と対峙した時、長い目で見れば持ちこたえることはできません。そのため、社会民主主義が当初から、いわゆる修正主義以前から抱えてきた、精神なき闘士、些事にこだわる人、街角の偽学者の反乱が勃発しています。しかしここでは、それ以外のものも存在すること、そしてそれらはいずれも社会主義者ではないことを検証していきましょう。マルクス主義は社会主義ではなく、つぎはぎだらけの修正主義もまた社会主義者ではないことを検証していくのです。何が社会主義ではないか、何が社会主義であるのかを説明せねばなりません。では始めましょう。

5　マルクス主義

科学と政党のかけ橋

カール・マルクスは、マルクス主義を構成する二つの要素である科学と政党の間に人工の橋を架けました。その結果、それまで見たこともなかった、一見したところまったく新しい何かがこの世に出現したのです。科学的な政治、科学的基礎にのっとった政党、科学的な綱領を持つ政党の出現です。それは確かに新しく、時流にも叶い、現代的でもありました。中でも労働者の心をくすぐったのが、労働者こそが科学、それも最新の科学の担い手であるというくだりです。大衆を味方につけたいのであれば、彼らにおもねることです。労働者に真摯な思考と行動をとらせたくないのなら、そして労働者の代表を、自分の言葉の半分も理解できない空虚な自惚れ屋にしておきたいのなら、労働者こそが科学的な政党の代表であると、そう労働者に信じ込ませることです。愚かしい悪意を労働者に吹き込みたいのなら、労働者を党学校で教育すればよいのです。つまり、あらゆる時代のもっとも進歩的な人びとが求めてきたもの、それが科学的な政党だったのです。本能からか天賦の才なのか、歩き、考え、詩作し、絵を描くのと同じような感覚でかつて政治に携わってきたディレッタントにとっても、それは科学的な政党でした。ただこうした活動を行うにあたっては、素質と才能に加えてかなりの学習、かなりの知識、かなりの技量も必要とされますが、それは決して科学ではありません。市井の人びとにとっては、プラトンにはじまってマキアヴェッリ、『デマゴーグのための手引き書』〔訳註 Manuel du démagogue。フランスの著述家、ラウル・フラリー Raoul Frary（1842-1892）によって一八八四年に刊行。本来の意味でのデマゴーグ、つまり民衆指導者となるための手引き書〕の編者まで、政治を一種学問的なものとして提唱した人びとがそうでした。ただ彼らは見事な手並みを駆使しつつ、それをきわめて単純化して綜合する視点から、一つ一つの体験と制度を整理・分類しましたが、彼ら自身、科学的にそれを行い、扱っているとは夢にも思っていませんでした。美学こそ芸術家の創作活動にとっての綱領的な基礎であると思い込んでいるのが美学であるとすると、科学的社会主義者にとってのそれがマルクス主義だというわけです。

　実際のところ、マルクス主義の科学幻想と政党が掲げる現実の政策との相性は確かに良くありません。それがうまくいっているのは、マルクスとエンゲルス、あるいはカウツキー▼など、教授と権謀術数家が同居している場合に限られます。ただ確かなのは、自分がどうしたいのかを自覚してはじめて、人は正しく価値ある存在でありたいと思えるということです。しかしながら、この種の知識がいわゆる科学とはまったく異なるものであることを別にしても、どうにもつじつまが合わない事があります。それはすなわち、自然法則の力を持っているとされる、いわゆる歴史的発展の法則に沿って物事が必然的そして不可避に推移し、いかなる人間の意志や行動もこの予定調和に何ら変更を及ぼすことができないと主張する一方で、望み、要求し、影響力を及ぼし、行動し、細部を変革することだけしかできないのが政党であると考えている点です。この相容れないふたつの間に橋を架けるなど、人類史上見たこともないような愚かしい傲慢です。マルクス主義者が行うこと、もしくは要求するすべては（行うよりも要求することの方が多い人たちですが）、まさしくその時々に不可欠な発展の環の一部であり、摂理によって決定されていたことであり、自然法則の顕在化に過ぎない。そしてそれ以外の人びとが行っていることは、どれもこれもカール・マルクスが発見し、証明した必然的な歴史の流れを無駄に押しとどめようとするにすぎないというのです。また、こんな言い方もできるでしょう。マルクス主義者は、発展の法則の遂行者であろうとしていると。彼らはこの法則の発見者であると同時に実践の担い手であるため、自然と社会をつかさどる立法府と行政府が一人の人間の中に同居しているようなものです。彼ら以外の人びとも、たとえその意に反していたとしても、結局はこの法則の遂行に寄与しているということになります。救いがたい連中がどんどん見当違いの方向に進んでも、連中の努力と行動すべてをもってしても、マルクス主義の科学が定めた必然性を助けているのだというわけです。あらゆる傲慢、あらゆる執着と頑迷、あらゆる狭量と分別を欠いた不正義、そしてマルクス主義者の科学と政党の内奥から発露するあらゆる邪悪なるもの。それらはすでに、彼らの理論と実践との、また政党と科学との不条理で特殊な結合の中から生まれているのです。マルクス主義とは支配をもくろむ教授であり、その点まさにカール・マルクスの嫡子なのです。マルクス主義は父親によく似た被造物です。そしてマルクス主義者は、その教義に瓜二つなのです。ただ本物の教師だったマルクスの鋭い精神、深い学識、しばしば賞賛に値する推理と連想の力は、今では往々にして、パンフレット的な学識、党学校方式の知恵、教養のないオウム返しに取って代わられてしまいました。少なくともカール・マルクスは経済の実態と一次資料を探求し、またしばしば臆することなく優れた直感の天才たちの啓示に立ち戻っていました。しかし彼の後継者たちは多くの場合、ベルリンにある教育担当部署の承認を得た要約や教則本で満足しています。かといって私たちは、愚かで卑劣なプロレタリアート懐柔策に迎合する必要はありません。社会主義はプロレタリアートの廃絶を目指しているわけですから、プロレタリアートの存在をすべての当事者の精神や心にとって都合の良い制度にしておく必要もないのです（あらゆる困難や障害がそうであるように、有力者や恵まれた人びとにとって、プロレタリアートの存在は祝福以外の何ものでもありません。また、実現や充実へ向かうある種の準備段階とも位置づけられる欠乏と内面の空虚が、来たるべきその瞬間、ついに全大衆を蜂起させ、天才的な行動へと駆り立てるという希望は常に存在しています）。というわけで、ここでもう一度申し上げておくべきでしょう。いつの日かプロレタリアートにも、他のすべての民の身に起こるのと同様に、奇跡、つまり精神が降臨することもあるでしょう。しかしマルクス主義の場合、こうしたペンテコステの日の異言さながらの奇跡がプロレタリアートの前に立ち現れることは決してなく、バビロニアのような混乱と驕慢をもたらすだけなのです［訳註「一同は精霊に満たされ、〝霊〟が語らせるままに、ほかの国々の言葉で話しだした」使徒言行録二－四］。プロレタリアートの教授、プロレタリアートの弁護人、政党指導者である彼らは、マルクス主義と呼ばれる最大級のカリカチュアであり、マルクス主義とは科学を騙る社会主義の変種のようなものなのです。

歴史の発展法則

このマルクス主義の科学は、何を教えてくれるのでしょうか。何を主張しているのでしょうか。未来がわかるとそれは主張します。永遠の発展の法則と人類史の決定要因についての深い洞察力を備えているために、何が起こるのか、歴史がどのように進んでいくのか、私たちがおかれた状況、生産および組織形態がどうなっていくのかが分かると、不遜にもそう主張しているのです。

科学の持つ価値と意味が、こんなにも曲解されたことはかつてありません。人間性を笑いものにしたのみならず、歪んだイメージを弄んだ挙げ句、もっとも抑圧され、精神的に収奪され置き去りにされた人びとが、これほど笑いものにされたこともありません。

この科学の詳細、つまりマルクス主義者が発見したと思い込んでいる、いわゆる人類が進むべき道については、ここではまだ触れません。今のところはとりあえず、過去の痕跡に関するデータと現在の状況に関する事実から未来を確実に推論、算定、決定するための科学が存在するとする、愚かきわまりない傲慢を暴露し、嘲笑し、退けるにとどめておきましょう。

ここで私は、私たちがどこから来たのかについて私の思うところをお話ししようと試み、私は愚者の誤解を恐れず、またそれこそ私の望むところでもあるので、私の知見にもとづいて、私たちがどこに行くのか、行かねばならないのか、どこを目指すべきかを話すことができました。しかし「ねばならない」といっても、それは自然法則ではなく、「かくあるべき」というかたちで私たちに示されています。では私が、「私は何かを知っている」という時、それは数学のように計算によって既知数から未知数が導き出されるのと同じことを意味するのでしょうか。あるいは幾何の問題を解くのと同じような意味でしょうか。はたまた落下の法則、振り子の法則、エネルギー保存の法則が常に正しいことは自明である、というのと同じ類いのことを意味するのか、または公式に入れ込むデータさえ分かっていれば、落下または発射された物体の軌道を計算できるといったような意味なのでしょうか。もしくは、H_2Oとは水であるというのと同じような意味なのでしょうか。あるいは、幾多の星々の動きを計算し、月蝕と日蝕を予見できるのと同じという意味なのでしょうか。いいえ、そうではありません。これらはどれも科学的な考察によるものであり、その結果なのです。私たちの精神の法則であるがゆえに、自然法則なのです。しかし私たちの精神から生まれた自然法則であっても、エネルギー保存の法則といった大法則の下位に位置する部分法則も存在します。私たちがみずからの肉体と生命から創り上げげんとしているもの、過去からの継続性、今日までの道のり、抑圧からの解放、本性の活性化、すなわちまとめて「未来」と呼ばれるものがそれに当たります。しかしそれらは科学、つまり分類可能で完成された事実というかたちで表現されることはなく、心性といった副次的感情、外的で不安定な均衡状態を正確に反映する内面からの圧力、憧憬、要求というかたちにおいてのみ表現されます。これには意志、義務、預言を含む予見、幻視、芸術的創作活動も含まれます。私たちが到達した道のりに、計算式や事実の報告、ましてや発展の法則はふさわしくありません。もしそんなことが可能なら、それこそエネルギー保存の法則への侮辱です。その道のりにふさわしいのは大胆さです。知とは生きてきたこと、あったことを掌中に収めることなのです。生とは、来たるべき創造と苦悩を生きることなのです。

これは、未来を扱う科学など存在しないということを意味するにとどまりません。現在も生き続けている過去に関する生の科学が存在するだけで、死して横たわるものを扱う死んだ科学など存在しないということも、また示唆しています。マルクス主義者、彼らと同じく発展を信じるすべての道徳家と政治家は、ダーウィニズム以前のマルクス主義者たちのように破滅にいたる理論をよりどころにするにせよ、もしくはその逆の発展理論をよりどころにするにせよ、あるいはダーウィニズムの影響を受けた修正主義者たちのように、ゆっくりとした漸進的な小さな変化の積み重ねという方法によって、均一に発展する進歩を仮説のよりどころにするにせよ、彼らおよび発展科学観の持ち主が、科学的な活動に従事するのをどうしても諦められないのであれば、以下に挙げる珠玉の言葉の数々が真に意味するところ、つまり自然と精神の真実に関して以下の言葉が表現しようとするところを、一度科学的に検証してみるべきなのです。その言葉とは、私は知っている、私はできる、私はしてもいい、私はしたい、かくあるべきだ、私はそうすべきだ、という言葉です。そうすれば、彼らはすぐに科学的により謙虚で、人間的にはより親しみやすく、より積極的になることでしょう。

歴史は科学ではない

歴史は、従ってまた国民経済学は、科学ではありません。歴史に作用する諸力を科学的にはあらわせません。またそうした判断は常に推論になり、そう推論する、あるいは推論を披見する人物が誰なのかによって、預言や教授の無駄話など、ピンからキリまでさまざまな名前をつけて呼ばれています。その評価は、常に私たちの特質、性格、生活、利害に左右されるでしょう。さらに言えば、たとえ私たちがこれらの諸力をきわめて掴み所がなく、不安定で、漠然とした、めまぐるしく変化するものと認識していたとしても、このような原理原則の適用のために必要となる事実は、まったくと言っていいほど私たちには知らされていないのです。それでは、終わりなく続いていく人類と世界の過去に関して、外的、科学的な扱いが可能ないかなる諸事実が私たちに提供されているのでしょうか。確かにさまざまな、あまりにもたくさんのものが、このいわゆる科学と呼ばれる荷車で運ばれ、降ろされてきました。ただ残念ながらそれらもまた、いわゆる人類史、世界史の一瞬からの、混乱した支離滅裂で乱雑に放り出された断片に過ぎません。私たちがいかに無知であるかを、これほど極端に示してくれる例は他にないのです。もちろんかのゲーテが言うように、一つの事象はいく千の言葉に値し、それらをみずからの中に内包しているのかもしれません［訳註　ゲーテ『自然科学論–色彩論』フランシス・ベーコンより］。天才や優れた直観の持ち主にとっては、確かにその通りなのでしょう。ただ、これら生物的な生成と人類史の全領域に関するなら、諸力と諸法則の例となるような事例はまったく存在せず、ここでまたゲーテ風のもの言いをするなら、資料収集家、ダーウィン主義者、修正主義者による経験の寄せ集め、マルクス主義者による弁証法的寄せ集めに過ぎません。そのため、人間の共同生活に関する一つの事例をしばしば千の言葉で語ってしまうような天才とは、科学の天才のことではなく、創造と行動の天才ということになります。生命の知も確かにそれに連なりますが、科学ではありません。むしろ、真の偉大な各種科学に依拠しているといったところでしょう。

新たな生成と多様性

そうであることを、神に、世界に感謝しましょう。それが当たり前なのです。というのも、もし起こるべき事を分かった上で、本当にすべてを分かった上で、可能性の一つを生きているだけとしたら、そこに生きる意味はあるのでしょうか。生きるとは、新たな生成を意味しているのではないのでしょうか。古く、確実で、自信に満ち、そして自律的なものとして、自己充足的な世界として、永遠なるものとして、新しく、不確実で、私たちの世界とは異なる世界へと、そして再び永遠なるものへと向かって、各人で、あるいは共に進んでいくこと。それが生きるという意味ではないでしょうか。もし私たちが生ある者を名乗るのであれば、私たちは読者なのか、観察者なのか、はたまた既知の諸力によって再び既知のものへと、古きものから古きものへと駆り立てられる存在なのでしょうか。私たちはむしろ歩む足であり、掴む手であり、働きかける存在なのであって、働きかけを受ける存在ではありません。そして私たちにとって世界とは、毎朝の目覚めの時に感じる未知で漠然とした柔らかな何ものかであり、私たちが形にし、私たち自身の道具を駆使して私たち自身のものとする、新たなる何か、贈り物ではないでしょうか。マルクス主義者諸君、もし諸君が私生活においても満足感や生きる喜びを感じていたならば、諸君とて生を科学してしまおうなど思いもよらなかったでしょうし、できもしなかったでしょう。そして社会主義者としての諸君の任務が、自由な労働と喜びに満ちた共同生活のための形態や共同体を人びとのために実現することにあると理解していたのなら、どうしてそんなことができたでしょう。

諦め、あるいは懐疑、あるいは悲しみではなく、賛同と喜びを胸に私はここでこう明言しましょう。人類と諸民族《フォルク》の過去と未来の生の多様性およびそれを表現することの不可能性を、私たちはまったく理解してはいないということを。そして私は他の誰にも増して、数千年間の運命を体得し、自分の中で感じ、自分の中でそれを生きることに誇りを抱き、十分な勇気を持っているとも。確かに私の中では、起こったこと、進行中のことについての像が結ばれていません。確かに私には、私たちの運命や道のりについて感じるところがあり、確かに私は、私がどこに向かっているか、どこを指し示しているのか、どこに導こうとしているのかを理解しています。確かに私には、多くの人びとに、一人一人に、そして大衆に伝えるべき希望、私の洞察、私の中で燃えさかる感情、私の強い意志があります。それでもなお、私は公式を語っているに過ぎないのでしょうか。私は数学者のふりをするジャーナリストなのでしょうか。科学の笛を吹き鳴らしながら、ナンセンスと捏造の山へといたいけな子供たちを導いていく、ハメルンの笛吹き男なのでしょうか。

違います。そこで私がいったい何者なのか、お話ししていきましょう。それを他の誰か、道で行き会う人びと、マルクス主義者が私にそれを教えてくれるまで待つ必要はありません。私は他の人たち同様に学び、研究し、知識を積んできました。そしてもし歴史と国民経済の科学が存在するのなら、それを学ぶ程度の頭脳なら持ち合わせていると思われます。マルクス主義者諸君、諸君は実に不思議な人びとです。自分自身の姿に驚かないのが不思議なくらいです。結論があらかじめ存在するなら、つつましい知能の持ち主でも科学の成果を学べるというのは、昔から確かなことだと思われます。なのに諸君は、諸君によるあらゆる諍い、論争、騒擾、諸君によるあらゆる要求と議会主義、諸君によるあらゆる説得と論証をもってして、一体何をしようとしているのでしょうか。もし諸君に科学があるなら、そんな無駄なことはやめて教鞭を手に私たちに教え、学ばせ、方法論、実技と解釈をたたき込んで熱心に反復させ、諸君が敬愛する誠実なるスノッブ、ベーベル〔訳註　August Bebel 一八四〇～一九一三。ドイツの労働運動家、社会主義者。ドイツ社会民主党を設立。エアフルト綱領の制定にも尽力する。修正主義論争においてはカウツキーらと共にマルクス主義中間派として党内主導権を掌握する〕がやってきたのと同じように、最終的には一人前の学識者に、絶対的に信頼のおける人間に育て上げればいいのです。そして最後に、今後の歴史、つまり未来に関する正確なデータを教えていただければ幸いです。

私も諸君同様、いやそれ以上に然るべく学んできました。その上で、私が教えているものは絶対に科学ではないと言っているのです。各人、自分の本質、自分の真の生き方がこの道を進んでいるかを検証した上で、私と同じ道を進んでいるかどうかを決めていただきたいのです。私が諸君以上に然るべく学んできたと言えるのは、私が諸君に欠けているものを持っているからです。いわゆる傲慢と呼ばれるものにしても、私の場合、諸君ほど肥大してはいません。謙虚な、つまり自分自身にふさわしい評価を、仲間うちでの評価と一緒に自分の胸の内に納めておきたいと思っていますが、ただし誰が社会主義者で誰がそうでないかを言いたくなる衝動は除きます。社会主義を強奪し、まるでニーベルンゲンの宝を守るこびとよろしく『資本論』の番人をしている氷の国《ニヴルヘイム》［訳註　北欧神話に登場する氷の国］の冷酷な住人は、嘲笑を受けて追放されるべきです。社会主義は然るべき後継者に伝えられなければならず、そうすることで然るべき姿となります。喜びと歓声、建設と創造、幸せな結末が約束されている夢であり、その夢は今や実行され、すべての意味で、万物のために実現されるべきものなのです。ところが後継者たちはいまだにまどろみの中にあり、どこか遠くの夢と様式の国にとどまったままであるのに、誰かが後継者探しに着手しなければならない時がやって来たため、後継者たちを呼び集め、そのうちの一人を正統な後継者として認める役割を私が担わねばならなくなっているのです。

画一化と一般化

では、マルクス主義者のあらゆる科学的迷信は何に由来するのでしょうか。彼らは、伝統と現状の重層的、断片的、複雑に絡み合った個別事象を、一本の糸、一つの秩序、一つの統一体にまとめ上げようとしています。彼らはまた単純化、画一化、一般化を必要としています。

ここで再び私たちは、見事に解放された普遍にして唯一の存在であるあなたのもとに戻ってきました。そうです。真の生のみならず真の思考にとって欠くべからざる存在であり、共生と共同体《ゲマインデ》、協調と内面性を創造し、思想家の頭の中で理想となり、あらゆる自然の領域を通じてすべての生きる者の生の中においてさまざまな結合体《ブント》がさらに結びついた結合体《ブント》であるあなたです。精神、それがあなたの名前です。

しかし彼らはあなたを持たず、そのためあなたを何かで代用します。結局彼らのもとにもたらされるのは、欺瞞的な偽物、彼らによる歴史の歪曲と科学的法則などの代用品なのです。彼らが知っているのは個別の呪縛に過ぎず、作られたもの、寄せ集められたもの、個別事象を並べたもの、互いに競い合いながら結びつけたものに過ぎず、原理に過ぎず、一般化に過ぎず、それを科学だといっているのです。確かに科学とは、もしそれが本当に科学ならば、精神、秩序、統一、結合体《ブント》となります。しかし科学が欺瞞や猿まねである場合や、自称科学者が単なる似非ジャーナリストや出来の悪い似非論説作家である場合、また統計的に作られた事実の山と弁証法の仮面を被った俗物的な考え方を、一種高度な歴史の数学だと、また未来の生に関する誤謬のない仕様書だと主張したとしましょう。そのような場合、こうしたいわゆる科学は非精神となり、精神の障害となります。つまり最終的には、正当な理由、嘲笑、憎悪の炎、怒りをもって取り除かれるべき障害となるのです。

諸君はそれ以外の精神のありようを知らず、そのため、諸君が本物の教授でないのならば、諸君は代弁者の顔に教授の仮面をかぶっているのです。そして教授たちは例外なく預言者を気取り、諸君の守護聖人となって弾けない竪琴を弾こうとするのです。

芸術としての創造と結合

しかしそれでもなお、精神とは何であるか私たちは知っていますし、今ここでも何度となく言及してきました。つまり私たちには普遍性がある、つまり諸君とは別の存在にして別の出自の人びとと道のりを共有しており、私たちの心の奥底の素晴らしい感情と強く持続的な意志を私たちの学知に分かちがたく結びつけているのです。つまり私たちは……

いや、気の毒なマルクス主義者諸君、まずは椅子を見つけて腰を下ろし、黙って聞いていただきたい。

私は不遜な物言いをすることになるため、間髪を置かず、諸君が私をあざける時のお決まりの非難が返ってくるでしょうから。

　つまり私が言いたいのは、私たちは詩人であるということです。そして私たちは疑似科学者、マルクス主義者、冷ややかな、空虚な、精神なき者たちの排除を求め、そうすることで詩的な観想、芸術として具現化された被造物、熱狂、預言が、実行、創造、建設されるための場所を見いだすのです。暮らしの中で、人間の肉体を使いながら、集団、共同体《ゲマインデ》、諸民族《フォルク》の共生、労働、集合のために、それを見いだしていくのです。

　そうです。長い間詩人の夢、旋律、魅力的な輪郭線、輝かしい一連の色彩の中で描かれていたことが、現実に、真実にならなければなりません。私たち詩人は生の中で創造し、もっとも偉大にして優れた実践者は誰なのかを見極めたいと考えています。口先ばかりで実際は何もしない諸君なのか、それとも生気にあふれた内なる像を抱き、確かな意識、情熱的な意志を宿す私たちなのかを。そして私たちは今できることをしたい、現在、常時、将来にわたってできることをしたい、私たちと共にある人びとを集結させ、行動、建設、解体を通して前進のための楔にしたい、そう思っています。嘲笑、根拠、怒りをもって絶えず諸君を乗り越え、攻撃と闘争をもって、重くのしかかる蒙昧を乗り越えていくのです。私たちは科学も政党も持ち込みません。ましてや、諸君が考えているような思想団体も持ち込みません。諸君がその手の話をする時、諸君が思い浮かべるのは、諸君が啓蒙と呼び、私たちが中途半端な教育とかパンフレット的文章と呼んでいる類いのものなのです。私たちを支えている精神とは生の結晶であり、現実と実効性を創り出します。この精神は別の名前でも呼ばれています。それが結合《ブント》です。そして私たちが詩に謳い美化したいと考えているものは実践であり、社会主義であり、働く人びとの連合《ブント》なのです。

ここで私たちは、マルクス主義者がみずから唯物論的と名付けた彼らの高名な歴史認識から、なぜ精神を除外したのかを目の当たりにし、この手で確認することができます。この点で私たちは、他の優れたマルクス主義否定論者以上に上手に説明することができるのです。マルクス主義者はその宣言と見解から、きわめて自然で、まさに見事としか言いようがない唯物的な理由で精神を除外しました。なぜなら、彼らは精神を持たないからです。

精神を欠いた唯物史観

しかし彼らの歴史叙述の方法が、少なくとも「唯物論的」であると名乗っても差し支えないものと仮定しましょう。そうだとしても、それは賞賛に値するどころか乱暴な企みにすぎず、実行する者に精神があっては決してやり遂げられるものではありません。物理的な事象、実在した過程、外部世界の物理的事象と人間の肉体の生理学的過程の永遠の相互作用によって、全人類史を叙述しようと試みているのですから。しかしすでにお話ししたような理由から、それは決して法則の上に打ち立てられた科学とはなり得ず、科学に比べれば、才気にあふれていたとしても、ほとんど空想の域を出ないスケッチでしかありません。しかしひょっとすると、それに生涯をかける者がいるかもしれません。またひょっとすると、それに着手しようとする者も出てくるかもしれず、正当性、基礎、言葉の持つ可能性を探し、さらにはこの硬直した構造をよどみのない完全な像に仕上げ、一大転換を図るためにそれをやってみようとする者がいるかもしれないのです。それはすなわち、個々人の身体性を排除した上で、全人類史を心理的な全体事象、精神的潮流の交代として叙述しようという試みです。究極の結論まで含めて唯物論を考えることのできる者であれば、唯物論とは理想主義のもう一つの面に過ぎないことを理解しています。本物の唯物論者といえるのは、スピノザの流れをくむ者だけなのです。しかしこの話はこの辺りで止めておきましょう。マルクス主義者がそれについて何を理解できるというのでしょう。スピノザと聞いてマルクス主義者が思い浮かべるのは、彼らとダーウィン主義的一元論者のパンフレット執筆者がスピノザから創り上げた、退屈な操り人形くらいのものでしょう。

この辺りにしておきましょう。ここで言うべきは、マルクス主義者が唯物史観と呼んでいるものが、理性によって認識された唯物論とは何の関係もないことだけです。彼らはしまいには、理性で唯物論を認識することを矛盾だと考えるまでになり、この点彼らは間違っていないかもしれません。いずれにせよ、彼らが教える歴史認識を経済的と呼んで差し支えないと思われます。その本当の名前は、先ほども言った通り、精神不在の歴史認識なのです。

すなわち、彼ら自身の教義、扇動、政治活動をひっくるめて、政治状況、宗教、精神的な潮流など、それらすべては単なる理念的な上部構造、つまり経済状況、社会の制度やプロセスを補完するある種の二重現象に過ぎないということを発見したと、彼らは主張しているのです。どれほどの精神および魂の活動が、彼らが経済的・社会的と呼んでいるものと分かちがたく結びついていること、また、中でも経済生活は社会生活のほんの一部に過ぎないということ、そしてそれらが共生のための大小の精神的な組織や運動と分かちがたく結びついていることに、浅薄な彼らが煩わされることはほとんどありません。息つく暇もなく無我夢中で語り、自分自身の言葉をとことん極める必要性すら感じない、そんな彼らの話しぶりの中に、これは特に顕著に見受けられます。それを自覚していたなら、彼らとて落ち着きのある寡黙な人間になり、自分自身の矛盾と一貫性のなさに言葉を失っていたはずです。

国家と非文化への流れ

こうした矛盾だらけの言葉の誤用は、現在マルクス主義者を確かに悩ましてはいますが、浅薄な彼らなりに、通り一遍苛ついた程度のことです。ある者は見当違いの半面真理を根拠に矛盾と妥協し、またある者はそれ以外の胡散臭いまがい物で折り合いをつけ、こうしてその中から異なる潮流が生まれ、そこにありとあらゆる緊張と分裂が生じています。こうした教義から、政治とは経済の非合理な写し絵に過ぎないとして、マルクス主義とは非政治的、反政治的な態度を表明するものだと結論づける人もいます。重要なのは政治、立法、国家の形態ではなく、経済の形態と経済的抗争だというのです（しかしもちろん、こうした抗争は純粋な教義の中に潜んでいるだけの話です。抗争とは、たとえそれが経済的なものであってもまったくもって精神的な事象で、また精神生活に分かちがたく結びついているからです。しかしこのあたりで止めておきましょう。先ほどもお話ししたように、どんな点であれマルクス主義を極めようとする者ならば、不可能性、妥協、捏造にぶち当たるはずです）。一方で、政治の助けを借りて経済問題に影響を及ぼそうとして、いかにも教授然とした机上の空論とはまったく異なる様相を呈する現実に、妥協、言い逃れ、苦しい継ぎはぎを加え、避けられない隠蔽のマントの上にさらに隠蔽のマントを数枚重ねようとする者もいます。これは問題の核心ではないので、これ以上こうした論争にかまけるのはやめましょう。そんな連中は、政治的マルクス主義者やその兄弟であるサンディカリスト、最近ではふたつの高貴な名称を乱用してアナルコサンディカリスト呼ばれている連中と、勝負がつくまで戦わせておけばよいのです。

すべての教義は誤りで筋道が通っていません。それが真実でありかつ価値があるのは、カール・マルクスよりかなり前の時代のイングランドなどで実現した場合だけのことです。人類史を考察するにあたっては、経済・社会条件とその変遷が持つ傑出した意義を無視してはなりません。これが、国家に対抗しうる社会の発見とも言うべき大きな動きに結びつき、この発見こそが、自由、文化、連合《ブント》、民衆、社会主義に向けた一番最初の、一番重要な一歩のひとつだったのです。大きな賞賛に値し、また示唆に富む考え方は、十八世紀の政治経済学者と才気溢れる著述家、また十九世紀初期の社会主義者の偉大な著作の中に記されています。ところがマルクス主義は、ここからカリカチュア、捏造、腐敗だけを創り出してしまいました。マルクス主義者がそこから創り上げたいわゆる科学は、実質的な影響力の点では取るに足らないものでしたが、致命的な試みをするに至りました（これほどまでに愚かしい自称科学は他に存在しないため、それがもしデマゴーグ的に大衆の扇動に利用された場合、教育の有無に関わらず、大衆から大学教授まで魅了してしまうからです）。つまりマルクス主義は、国家つまり非文化から離れて自由意志と共同精神の結合へと向かう流れ、すなわち諸社会からなる社会を背負う流れを、再び国家および私たちの共生の制度全体を覆う非文化へと逆行させ、その流れの力で、野心的な政治家という水車を回し続けようとしているのです。

この点については、より詳細に観察していかねばなりません。刺激的なマルクス主義というタマネギの皮を、私たちはまだほんの二枚ほど剥いただけなのです。私たちはさらに内側へと進まねばなりません。

それがどんなに目に滲みたとしてもです。誤って創られた被造物を解剖する必要もあり、以後その過程の中で、いくぶん眉をひそめたり吹き出したり、嘲笑を禁じ得ないことも多々あろうかと思います。私たちはここまで、科学について、そして唯物論的マルクス主義がどんなものであるかを見てきました。では、彼らが発見した過去、現在、未来の歴史の道筋とは一体どんなものなのでしょうか。物質的な現実が、彼らの精神的な上部構造へと、おそらくはデカルトが言うところの松果腺に成長してしまったようなものなのでしょうか〔訳註　デカルトはその『情念論』の中で、松果腺を精神と身体をつなぐ器官と定義している〕。

そして私たちは今、生を疑似科学に、人間の肉体を紙にすり替えたあの学者先生が、まったく別の変身の術で、まったく別種の学者先生に姿を変えつつある瞬間に出くわします。

自然過程の必然

なんたることか学者連中は、村祭りで手先の器用さと変わり身の早さを駆使する変身の名人、魔術師、手品使いであることを常日頃から自認しているのです。カール・マルクスのもっとも有名でもっとも重要な章などは、いつも私にこの種の魔法使いの名人を思い起こさせます。「いち、にい、さん！　種も仕掛けもございません！」という風に。

その結果カール・マルクスによると、中世から現在を通じて未来へと至る私たち諸民族《フォルク》の進歩の軌跡は、「自然過程の必然によって」（英語版では「自然法則の必然によって」とよりはっきりと記されています）速度を速めながら完成へと至る道筋だということです。第一段階は、きわめて平均的で凡庸な小市民やつましい民衆《フォルク》から構成される多数の小規模な小売商人のうち、かなりの数の人間がきわめて少額の財産を所有している段階です。そして次に来るのが進歩への契機であり、最初の発展過程であり、社会主義への道であり、それが資本主義と呼ばれています。この時点になると、世界はまったく別の様相を呈するようになります。少数の人間がおのおの莫大な財産を所有し、大衆は何も持ちません。この段階への移行は熾烈で、暴力と蛮行を抜きにしては始まりません。しかしこの段階では、十分に油を差した発展のレールの上をさらに軽やかに約束の地へと近づいていきます。ありがたいことに、ますます多くの大衆がプロレタリアートと化し、ありがたいことに資本家の数はますます減少し、ついには、まるで海の砂のようなプロレタリアートの大群が、孤立した巨大企業家と向き合うようになるまで、資本家は互いに収奪し合い、そしてここから第三段階へと発展していきます。これは発展の第二段階でもあり、社会主義への最終段階でもありますが、子供だましさながらです。「資本主義的私有の最後を告げる鐘が鳴る」〔訳註『資本論』、第一巻、第七篇、第二四章、第七節〕のですから。マルクスによると、資本主義の内部で「生産手段の集中」と「労働の社会化」が実現することとなります。彼はこの労働様式を「資本主義的独占下に開花した」〔『資本論』、同じ〕と形容します。資本主義が社会主義に移行する直前段階における資本主義の有終の美を賞賛する時も、いつものように、彼はいとも簡単に詩人の気分になってしまうのです。時は満ちた、「資本主義的生産は、自然の発展の必然として、それ自身の否定をもって〔『資本論』、同じ〕社会主義を生み出すのだ」と。そこでマルクスは、「協業」と「土地の共同所有」はすでに「資本主義時代の成果」であるとします。膨大な数に膨れあがった大衆、プロレタリアート化した人びとは、社会主義のために実質的にはほとんど貢献することはできません。ただその時が到来するのを待つのみです。

これは果たして真実なのでしょうか。科学の信奉者たる紳士諸君、資本主義が私たちに協業と土地の共同所有および生産手段を与えてくれたとおぼしき時点に、私たちは一体いつになったら到達できるのでしょうか。共同的な所有のさまざまな形態が存在したとして、共同所有は簒奪、特権、私有財産制とは異なるものなのでしょうか。資本主義の時代にすでに到来してしかるべき、そしてすでに社会主義とは大きな類似点を持っているはずのこの共同所有に関して、何か目に見える痕跡がすでに存在するのでしょうか。イエスなのかノーなのか。どれだけの期間この自然のプロセスが続くものか、私たちは知りたくてたまらないのです。諸君の科学よ、どうかそれを教えて下さい。

資本主義から開花する社会主義？

しかし、そんなことが誰に分かるというのでしょう。カール・マルクスであれば、すでに十九世紀中盤に、資本の独占から発展した土地と生産手段の共有の手がかり、その始まりを見て取っていたかもしれません。協業に関するならば、より詳しく観察すると事態は明々白々です。しかしながら私にとって協業とは、共に行動し労働することを意味します。いずれにしても、耕作用の牛馬を一緒に引っ張ることや、綿花のプランテーションやサトウキビ畑で黒人奴隷が一緒に労働することを、協業とか共同労働とか呼んでしまうほどの愚か者ではなければそう考えるはずなのですが、それが何だというのでしょう。カール・マルクスについて言えば、彼はまさしくこの手の愚か者だったのです。未来が何だというのでしょう。資本主義のさらなる発展が何だというのでしょう。賢明な識者なら、現在にこそ目を向けるはずです。カール・マルクスが彼の時代の資本主義企業に見いだした労働形態、工場システム、狭い空間に数千もの人びとがひしめく労働、労働者を機械に順応させ、それによって資本主義的世界市場のために物を製造し、それがさらによこしまな労働力の分配へとつながること。これをマルクスは社会主義の一要素であると捉え、協業と呼んだのです。ところがマルクスは、資本主義が「事実上すでに社会化された生産経営に依拠している」〔訳註『資本論』、第一巻、第七篇、第二四章、第七節〕点に関して、何の疑問も抱いていません。

このような前代未聞なナンセンスなど、とても認められるものではありませんが、これから申し上げる諸点がカール・マルクスの真意であることに疑いはありません。つまり、資本主義とはまさにそれ自体の中から社会主義を発展させること。社会主義的生産様式は資本主義のもとで「開花」すること。すでに私たちは協業を行っているため、少なくとも土地と生産手段の共同所有への道筋にあること。そして最後に、残った少数の所有者を追い払う以外に、やるべき事は残されないこと。以上です。このほかにも、あらゆることが資本主義から開花します。資本主義、それは進歩、社会、そしてなんと社会主義と同義なのです。真の敵、それは「中間層、すなわち小工業家、小商人、手工業者、農民〔訳註『共産党宣言』第一章〕」なのです。なぜならば彼らはみずから労働し、雇ったところでせいぜい数人の職人と徒弟だけ。出来の悪い極小企業といったところです。ところが資本主義は画一的で、一箇所に数千人の労働力を集め、世界市場相手の労働であり、社会的生産、社会主義だというのです。

これがカール・マルクスのまことの教義です。資本主義が中世の遺物に対して完璧な勝利を勝ち取った時、進歩は確かなものとなり、社会主義が実現するというのです。

中央集権国家との類似

マルクス主義の主著ともなっているこの手の社会主義のバイブルが『資本論』と呼ばれているのが、実に象徴的なことではないでしょうか。私たちはこの資本主義的社会主義に対して我らが社会主義を対峙させ、こう言いましょう。社会主義、文化、連合《ブント》、適正な交換と喜ばしい労働、諸社会からなる社会は、キリスト教社会やゲルマン民族の前キリスト教社会が精神に出会った時のように精神が覚醒し、その精神が経済用語で資本主義と呼ばれる非文化、解体、衰退を放逐した時に到来するものなのだと。

そうなると、鮮明な対立が浮かび上がってきます。

一方にマルクス主義、そしてもう一方に社会主義という具合です。

マルクス主義、それは精神を持たぬものであり、資本主義という皆に愛される茨の木に咲いた偽の花です。社会主義、それは腐敗に対抗する新しきものです。非精神、困窮、暴力の結合、そして近代資本主義に対抗しうるもの、それが文化なのです。

もはや近代的とすら言えないこのマルクス主義に対して、私が面と向かって言いたいことが、今、ようやく理解できたことと思います。マルクス主義とは我らが時代の災厄であり、社会主義運動にとっての呪いの言葉に他ならないということが。マルクス主義とはそういうものであること、そしてなぜそうなのか、なぜ社会主義はマルクス主義の天敵となりうるかを、ここではっきりと申し上げておく必要があります。

マルクス主義こそがスノッブなのです。彼らスノッブは過去のすべてを見下し、自分にとって都合の良い事ならすべてを現在と未来の始まりと呼び、進歩を信じ、一九〇七年より一九〇八年を選び［訳註　本講演が行われた時点」、一九〇九年からは何か特別なものを期待し、一九二〇年のような遠い未来からは、ほとんど奇跡か最終的な決着に近いものを期待しています。

マルクス主義とはスノッブであり、そのため大言壮語はお手のものです。中世の共和制都市や村の共同体、ロシアのミール、スイスの共有地、共産主義者の入植地は、彼によると、社会主義とは何の類似性も持ちません。しかしより大規模な中央集権国家には、彼の描く未来国家とかなり似たところがあります。小農が繁栄し、高度な手工業が花開き、ほとんど貧困も存在しなかった時代の一地域を見せたとしたら、彼はきっと軽蔑したように鼻であしらったことでしょう。

小市民・小農民の軽視

そしてカール・マルクスと彼の後継者は、社会主義者の中でもっとも偉大なプルードン▼に対する最大の侮辱とは、彼を小市民的、小農民的社会主義者と呼ぶことだと信じていました。それは間違った評価ではないし、侮辱でも何でもありません。というのもプルードンは、主に小規模な農民と職人たちからなる同時代の民衆と人びとに、今すぐ、そして大規模資本主義の整然とした進化を待たずとも、どうやって社会主義へと到達できるかを見事に示してくれたからです。しかし進歩の信奉者たちは、かつて存在したにもかかわらず実現しなかった可能性に、まったく耳を傾けようとはしません。そしてマルクス主義者とそれに感染した人びとは、彼らが祝福された資本主義の上昇運動と呼ぶ、実際にはさらなる下降運動を辿るより前の時点で可能だったかもしれない社会主義について、耳を傾けようとはしないのです。しかし私たちは二つのこと、すなわち夢のような発展と社会的進歩と、人びとが望み実行し、あるいは望み実行しようとしたのに実現しなかったこと、この二つを切り離して考えることはしません。ただ私たちは、すべての出来事の決定と必然性、従って意志と行為もすべては自明であると考えられ、そこに例外は存在しないということを理解しています。ただ後になって、現実のものとなってはじめて、それが必然だったことが分かってくるのです。何かが起こらなかったとしたら、それは、例えば人びとに緊急性を訴え熱心に道理を説いたにもかかわらず、人びとがそれを望まぬ上に道理もわきまえていなかったからなどの理由で、それが不可能だったからなのです。ここでマルクス主義者は、勝ち誇った様子で口を挟むでしょう。カール・マルクスは不可能だったと予見していたではないか、と。「おっしゃる通り！」と私たちは答えておきましょう。だからこそ実現に至らなかった罪の一部は彼にあり、当時も、またその後も長きにわたって彼は妨害者であり、責任者の一人であり続けるのです。私たちにとって人類史とは、無名の過程やたくさんの小さな出来事とたくさんの不作為の単純な蓄積の上に成立するものではありません。私たちにとって歴史の担い手は個人であり、従って責めを負うべき者も存在します。またプルードンにしたところで、他の預言者たちと同じように、決定的な瞬間を迎えた時、自身が最善かつもっとも自然な成り行きと考えていた方向へ支持者を導くことの不可能性を、冷徹な科学の観察者にも増して強く感じていたのではないでしょうか。実現への信念が、人類の使徒や指導者の偉業、洞察力に富む振る舞い、果敢な創造力を構成していると考えている者は、彼らのことを誤解しています。神聖な真実を信じる気持ちも確かにその一部でしょうが、人間への不信感と諦観もまた同様なのです。人びとの身に大規模で圧倒的な変革と革新が起こったところでは、不可能なこと、信じられないこと、またごく当たり前のことも変化をもたらす要因でした。

成功の信奉者

しかしマルクス主義はスノッブであり、それゆえ勝利の勝ちどきをあげながら失敗と無益な試みを嘲笑し、子供のように敗北を恐れます。マルクス主義は、彼らが実験あるいは見込みのない基礎工事などと呼んでいるもの対して、これ以上ないほどの軽蔑をあらわにするのです。これは、理想主義、熱狂、ヒロイズムへの恐れとは相容れず、そのためこうした腰抜けどもを隷属的な大衆の指導者として戴かなければならないドイツ民族の恥であり、衰退を示す屈辱的な兆候でもあります。しかし困窮した大衆にとってのマルクス主義者とは、一八七〇年以降、うんざり気味の国民各層にとって威勢の良い国家主義者がそうであったのと同じように、つまり成功の信奉者なのです。次に私たちは「史的唯物論」という術語のより正確な、もう一つの意味を考察します。なるほど唯物論者というのは、その言葉のもっともよく使われている大雑把で一般的な意味においてはマルクス主義者を指し、浅はかな国家主義者同様に、理想主義を衰弱させ一掃させようと力を尽す者のことでした。国民的市民階級がドイツの学生から構成されていたように、マルクス主義者は広範なプロレタリアート層から構成されています。若さも、野生も、勇気も、試みる気持ちも、派閥抗争も、異端精神も、独創性も、風変わりな個性も持たない、臆病な小さき人びとです。しかしこうした人びとをこそ私たちは求め、私たちは行動を求め、私たちはガリバルディ▼の千人隊のシチリア遠征を求め、私たちはこうした驚異的なまでに尊いガリバルディ的気質を求め、失敗に失敗を重ね、何ものも恐れず何ものによってもひるまず、成功するまで、私たちがやり遂げ克服するまでとどまり持ちこたえ、今一度立ち上がる強靭さを求めているのです。敗北、孤独、後退の危機を受け入れない者は、決して勝利にたどり着きません。マルクス主義者諸君、諸君が呼ぶところの「うなじへの一撃」を何にも増して怖れている諸君にとって、こうしたすべてがどんなに耳に痛いか私には分かっています。「うなじへの一撃」、これは諸君のお得意の言い回しですが、どこかしら正しいところもあるのでしょう。諸君は敵に正面よりも背を向けていることのほうが多いですから。建設の領域におけるプルードン、破壊と戦闘の領域におけるバクーニン▼あるいはガリバルディのような情熱あふれる人物を、諸君が心から憎み、どんなに嫌悪しているか、諸君のような無味乾燥な書斎派がどんなに不愉快に思っているか、そしてすべてのラテン的、ケルト的なもの、自由な空気、野性、自発性を感じさせるすべてが、諸君にとっては不愉快以外の何ものでもないことを私は知っているのです。あらゆる自由、個性、若さ、そして諸君が愚行と呼ぶもののすべてを、政党、運動、大衆から排除するのに諸君は懸命でした。実際、諸君が自分たちの科学と呼んでいる体系的な愚行ではなく、諸君には耐えがたい情熱溢れる熱血漢による熱気溢れる愚行を私たちが推し進めたほうが、社会主義と私たちの民衆にとって事態は上手く運ぶはずです。そうです、諸君が実験と呼んでいることを、私たちは実行したい、試したい、私たちは行動を起こしたい、私たちは心から創造し、実行したいのです。そして必要とあらば、勝利を収めて陸地が見えてくるまで、難破を堪え忍び、敗北を受け入れていきたいのです。生気なき者、無気力な者、スノッブたちが、あなたがた民衆を率いています。発展を待望するよりも、壊れかけた船に乗って未知なるものに向けて大海原を航海しようとするコロンブスのような人びとはどこにいるのでしょうか。こうした生気なき者たちを嘲笑し始めた、若く、喜びに溢れ、勝利に輝き、ほおを紅潮させた人びとはどこにいるのでしょうか。こうした言葉に、彼らが逆戻りと呼ぶこうした激情、こうした熱狂、非科学的なるものに、マルクス主義者が耳を傾けようとはしないないのは分かっています。だからこそ、私は皆さんにきちんとお話しできたことがうれしいのです。彼らに対抗するために私が必要とした根拠は健全かつ万全ですが、こうした根拠をたてに彼らに反駁する代わりに、軽蔑と嘲笑で彼らを死ぬほど怒らせてしまったとしても、それはそれで正しいことなのでしょう。

生きた共同体の抹殺

つまりスノッブであるマルクス主義者はあまりにも狡猾で慎重で用心深く、そのためフランスの二月革命時のように、資本主義がすでに完全な崩壊状態にあった時でさえ、社会主義者の組織を武器に立ち向かおうなどとは思いもよりませんでした。それと同じく、特にドイツ、フランス、スイス、ロシアの衰退期を通じて何世紀ものあいだ守られてきた中世以来の生きた共同体を、来たるべき社会主義の世紀の種を宿す生きた結晶であると認識するよりも、それらを抹殺して資本主義の中で溺死させようとしているのです。ところがたとえばマルクス主義者に、十九世紀中盤のイングランドのような経済状況、つまり乱雑な工場システム、農村の荒廃、大衆と貧困の均質な拡大、真の需要ではなく世界市場を向いた経済を見せたとしましょう。するとマルクス主義者はそこに社会的生産、協業、共同的な所有の端緒を見いだして、それで満足してしまうのです。

本物のマルクス主義者は、懐疑的になったり譲歩を始めたりしない限り（今や崩壊寸前の彼らは、かなり前からあらゆる種類の譲歩を行っています）、たとえどんなに素晴らしい発展を見せられたとしても、農民の協同組合、信用組合、もしくは労働者協同組合について何も知ろうとはしません。一方で資本主義者の百貨店は、彼にまるで違った強烈な印象を植えつけていますが、そこではあまたの組織的精神が、非生産性、収奪と簒奪、がらくたの販売のために浪費されているのです。

しかし世界市場に向けて何が生産され、何が消費者に売り浴びせられているのかというこの決定的な問題を、かつてマルクス主義者が気にかけたことがあったでしょうか。彼らの視線は、彼らが社会的生産と呼ぶ、表面的で本質からかけ離れた皮相な資本主義的生産形態だけに相変わらず向けられていて、この点については、これからお話ししていかねばなりません。

マルクス主義はスノッブであり、スノッブは、技術とその進歩以上に重要なこと、偉大なこと、それ以上に神聖なものを知りません。このようなスノッブをイエス・キリストと、すなわち精神と生にとっての重要性もさることながら、その豊かさと溢れ出でる無限の人物像において偉大な社会主義者であった人物イエスと向き合わせてごらんなさい。十字架の上で生きるイエスと、人間と物を駆り立てる新しい機械の前に、このスノッブを向き合わせてごらんなさい。もしその人物が正直で教養を鼻にかける偽善者でなければ、彼は十字架に架けられた人の子をまったく不要で皮相な現象と判断し、機械のあとについていくでしょう。

ところが、このイエスの穏やかで物静かで苦悩を抱えた偉大な心と精神は、現代のどんな運動機械にもまして本当の意味で深く人々の心を動かしてきました。

そうなのです。人類の十字架に架けられた、この穏やかで物静かで苦悩する偉大な人を抜きにして、私たちの時代のこれらすべての運動機械がはたして存在しえたでしょうか。

分かる人には分かりきったことですが、この点についても触れておくべきでしょう。

マルクス主義は蒸気から生まれた

そこで進歩の追従者の技術に対する際限のない敬意から、マルクス主義の起源を知ることができます。マルクス主義の父は歴史研究でもヘーゲルでもなく、スミス▼でもリカード▼でもなく、マルクス以前の社会主義者の誰でもなく、また革命的、民主的な時代状況でもなく、ましてや人びとが持つ意志や文化と美への憧憬でもありません。マルクス主義の父は蒸気なのです。

老婆はコーヒーの滓からお告げを語ります。カール・マルクスは蒸気でお告げを語るのです。

マルクスが社会主義に至る直前の準備期間だと考えた疑似社会主義は、資本主義内部に存在する蒸気機関の技術的必要性に起因する生産経営組織の形態以外の何ものでもありませんでした。

ふたつのまったく異なる集中の形態がそこで出会います。一つは資本主義の経済的な集中で、裕福な者が自分の周りに可能な限り多くの金と労働を集中させることです。もう一つが経営の技術的集中としての蒸気機関で、そのために周囲に作業機械と労働力を、近隣に発電所を配置する必要があり、それが大規模な工場施設と洗練させた分業を創出しました。資本主義の経済的な集中は、少数の孤立した事例を別にすれば、技術的プラントの集中をまったく必要としません。人間の労働力もしくは手や足で駆動する単純な機械の使用が蒸気機関より安価でありさえすれば、それがどこにあったとしても、資本主義者は工場よりも村々や農場に散らばる家内工業を優先させます。蒸気機関に特有の技術的必要性こそが、大規模な工場の建造物、工場の建物と賃貸住宅の建物がひしめく大都市を生んだのです。

これらふたつの、元々は独立したまったく異質の集中の形態が自然と融合し、強い相互作用を及ぼしてきたのです。資本主義は蒸気機関によって恐ろしいほど急速な進歩を遂げました。その一方で資本主義によって妨げられているものもあります。つまり資本主義は技術的に設備を集中させ、とりわけ平野部の農村地帯から労働者を移動させ、ますます多くの人びとを移動させています。そのため大規模に活用するためには本来なら分散させなければならない蒸気と水力の送電を、資本主義は例のごとく例によって妨げているのです。このエネルギーの送電は、たとえばゾーリンゲンの刃物産業の例にあるような、小規模の独立した作業場を資本主義的に搾取してしまう一方で、良い意味で小規模産業と手工業を強化し、将来的にさらにそれを強化して新たに甦らせるであろうことも、また否定できません。この点では協同組合的な形態にとっても、動力と機械を利用する機会は広がっているのです。

この技術と資本の集中化の融合は、結果としてさらなる資本主義的集中を生み、あるいは強化していきました。商業、金融、卸売、小売業、輸送などの集中がそれに当たります。

そしてもう一点、他の二点とは別の第三の集中が、私たちの時代において栄えています。それが国家、官僚機構、軍隊制度の集中です。巨大工場と賃貸住宅に加えて、大都市にはまた別の巨大建築群が存在しています。それが官僚のための官舎です。これら公的建築物の一つ一つに数百もの小部屋が、一つ一つの荒涼とした部屋には、一つ、二つ、三つの色あせた机が、その一つ一つには欠伸をかみ殺した一人、二人、三人の小役人が耳にペンをはさみ、朝食のパンを手にして座っています。そして兵士のための兵営には、数千人の屈強な若者が何の役にも立たないスポーツ（スポーツは有益な労働の後のレクリエーションとしてのみ有用であるべきです）をしながら時間を潰し、その結果退屈を持て余し、あらゆる種類の性的な愚行と不潔な行為にふけっています。

そして甚だしい非文化、人間の過密状態、大地と文化からの乖離の中で、甚だしい労働力の無駄使い、非生産的な労働と怠惰を伴う過大な負担、これらすべての集中の形態が内包する甚だしい無意味と困窮の中で、我らが時代の特徴である兵営はますます数を増やし、広範囲にわたっていくのです。それが矯正院、刑務所、監獄、娼婦が入営する娼館です。

マルクス主義者の教義が経営の技術的な集中の単なる産物に過ぎないという主張にマルクス主義者が異を唱えるのであれば、これら無味乾燥でおぞましく、均質的で、窮屈で、抑圧的な集中の形態すべてが、マルクス主義にとってある程度模範的であり、それらがマルクス主義の起源、発展、拡大にも影響を及ぼしていたということを、認めざるをえないでしょう。イングランド人、ラテン民族、スイス人、南ドイツ人の間では、軍事的、官僚的なものと紛うことなき類似性を持つとして、マルクス主義に対してますます抵抗感が強くなっているのも、理由のないことではないのです。このように今日、軍曹、下士官、官吏によって支配されている国々だけに本物のマルクス主義が存在しているのも理由のないことではなく、それがプロイセンとロシアというわけです。他のどこにも増して規律という言葉とそれと不可分の粗野な言動と命令への服従を身近に感じ、この規律という言葉自体が他のどこよりも頻繁に聞かれるのが、プロイセン軍とプロイセン・ドイツの社会民主主義であるということも、理由のないことではありません。しかしそれでもなお、これらの集中のどれをとっても、蒸気の技術的集中だけを例外として、名実ともにあえて「社会主義」と呼ぶべき怪物を結果として生み出すものはありません。

社会主義は、詩的ではないマルクスがいかにも叙情的に謳ったように、資本主義から「開花」することは決してありません。彼の教義と彼の政党、マルクス主義と社会民主主義は蒸気の力から生まれたのです。労働者と職人たち、農家の息子や娘たちがどのように農村を後にして、哀れな臨時雇いの季節労働者が、どのように彼らに取って代わったかに注目することです。毎朝何千人もの人びとがどのように工場に吸い込まれ、夕方になるとはき出されていくかに注目することです。

「万人に対する同等の労働義務、とくに耕作のための産業軍の創設」と、マルクスとエンゲルスはすでに『共産党宣言』の中で記しています〔訳註　『共産党宣言』第二章〕。しかし、それは来たるべき資本主義がいかに素晴らしいかの叙述や予兆としてではなく、「最先進国に対して」その社会主義の開始を提案する手段の一つとして書かれているのです。この種の社会主義は、資本主義のよどみのないさらなる発展によって成長するのだと、本当にそう言っているのです。

さらにそこに、資本家の数と力が減少の一途を辿っているかのような資本主義的集中が加わり、さらに現代の中央集権国家における国家の万能性という規範が加わり、最終的には、工業機械のさらなる完成、ますます拡大する分業、熟練の職人の非熟練の機械工による置き換えが加わりますが、どれをとっても、きわめて誇張されたカリカチュアさながらです。というのも、すべての物事には別の側面があり、決して型どおりの直線的な発展を辿ることはなく、多様な傾向のせめぎ合いと均衡の上に成立しているものだからです。しかしマルクス主義が目をつけると、すべてがグロテスクに単純化されカリカチュアにされてしまうのが常なのです。その極めつけが、労働者の労働時間はさらに短縮され、機械労働はさらに生産的になっていくという見通しです。これで未来の国家像は完璧です。マルクス主義者にとっての未来国家。それは国家的、資本家的、技術的集中という樹に咲いた花なのです。

そこにさらに付け加えるべきことがあります。マルクス主義者の夢が大胆になった結果――マルクス主義者の夢ほど空虚で無味乾燥な夢はないため、ファンタジーなき夢想家なるものが存在するなら、それはマルクス主義者のことに他なりません――、彼らはその集権主義と経済官僚主義を今日の国家を超えたところまで拡大し、生産の指示および命令そして物品の分配のための国際機関にも言及しているということです。これがマルクス主義のインターナショナリズムです。かつてのインターナショナルでは、すべてがロンドンの本部によって統制、決定され、今日の社会民主主義ではすべての方向性がベルリンで統制、決定されているように、この生産管理のための国際機関はいつの日かすべてに介入し、すべての機械のための機械油の割り当てまで台帳に記載するようになるでしょう。

そしてその下には、もう一枚皮が残されています。それを描写して私たちのマルクス主義描写を終わりにしましょう。

少数の巨大企業と無数の労働者

これらの人びとが社会主義と呼んでいる組織の形態は、資本主義においてこそ力強く花開きます。これらの組織、蒸気の力を借りてますます巨大化するこれらの企業形態が、いまのところはまだ個々の企業家と搾取する者の手中にあるだけのことです。しかも、その数は競争によってどんどん減るはずだと理解されてきました。これが意味することを分かりやすく表現しなければなりません。まずは数十万が数千、数百になり、次に七十から五十に、ついにはごく少数の怪物的な巨大企業だけが生き残るというのです。

その対極にいるのが労働者、プロレタリアートです。彼らの数は増える一方で、中産階級は消滅、労働者の数が増えるとともに機械の台数と集中的な動力も大規模になり、その結果、労働者の数だけでなく失業者、いわゆる産業予備軍の数も増えていきます。そしてそうした叙述によると資本主義は立ちゆかなくなり、資本主義、すなわち残る数名の資本家に対する闘争は、彼らの下で働き、何も持たず、変革を志す無数の大衆にとって、いずれにしてもますます容易に運ぶようになります。そしてマルクス主義の教義について私たちが目配りしなければならないのは、たとえその術語が別の領域から拝借され、誤用されていたとしても、すべてが内在的であるという点です。この場合どういう意味かというと、特別な努力や理念的な洞察など何一つ必要とされず、すべてが自分の内側からまるで社会的な過程が滞りなく続いていくという意味です。いわゆる社会主義的な組織形態は、すでに資本主義の中に内在している。プロレタリアートの中にも、現状に対する関心の喪失が内在している。すなわち社会主義への傾向、つまり革命的な心性が、プロレタリアートを統合する要素なのである。プロレタリアートに失うものは何もない、世界をその手に獲得するのだ、というわけです。

これらの言葉の、なんと美しく詩的なことでしょう（出典はマルクスでもエンゲルスでもありません）。そして、なんと多くの真実が含まれていることでしょう。

しかしより真実に近いのは、プロレタリアートは生まれながらの革命家である等々ここで検証したどんな主張よりも、プロレタリアートは生まれながらにして凡俗な存在であるという主張です。マルクス主義者はプチブルジョワジーについて非常に軽蔑した物言いをしますが、プチブル的と呼ばれるすべての特徴と生活習慣が平均的なプロレタリアートの属性であることは、刑務所や監獄の大部分が残念ながら凡俗な者たちによって占領されていることからも分かります。ここで「残念ながら」という言葉が私の口をついて出たからといって、凡俗ではない者たちが自由の身であることを嘆くつもりなど、もちろん毛頭ありません。しかしながら実に嘆かわしいことがあります。この世で起こったこと、起こるべきことだけでなく、法律によって追認された因習を打ち破らざるをえなかった気の毒な環境の犠牲者にこうした必然性が課せられるのは、こうした因習が少なからず彼らに内在するからではなく、彼らに内在していたものが冒涜的な心性に置き換わってしまったからなのです。しかしながら彼らが打破するべき因習は、むしろ彼らの気質、考え方、苦境にある仲間、時には自分自身を苦しめている行動様式の中に内在しているのであって、他の多くの人びとの場合と同じく、それには根深いものがあるのです。

いずれにしても私たちがここでお話ししているプロレタリアートの俗物的心性は、マルクス主義、この体系化された俗物的心性が、なぜプロレタリアートからこれほどまでに共感を得たかの一つの理由になります。これといって特別な才能もない凡庸なプロレタリアートを重宝な政党指導者に変えるには、党学校と呼ばれる病院で、今やきわめて迅速かつ安価に受けられるようになった教育を受けた、浅薄な口達者がいればそれで十分なのです。

こうしてもろもろの政党指導者は、ごく自然にマルクス主義者の教義を忠実に追従するようになります。その教義とは、プロレタリアートは社会的必然性ゆえに革命化し、ますます数を減らす少数者に依存し、それ自体ますます脆弱になっていく資本主義を克服するために必要とされているのは、ほんのわずかであるというものです。資本主義を崩壊へと至らしめるためには、すでに言及したものに加えて、いまだ資本主義に内在する何か、すなわち恐慌が必要とされています。ドイツ社会民主党の綱領には、マルクス主義的な術語で美しく純粋にこう書かれています（また、こうした綱領の作成者が昨今彼らの敵を修正主義的と形容しているように、そこには確かにさまざまな不純物が混じっています）。生産諸力は現代社会の能力を超えて成長していると。現代社会において生産形態はますます社会主義的になり、これらの形態に欠けているのは、所有のあるべき形態、すなわち国家所有だけであるという、純粋にマルクス主義的な教義がそこには含まれています。彼らはそれを社会的所有と呼んでいますが、彼らが資本主義の工場システムを社会的生産と呼ぶ時（『資本論』の中でマルクスがそう言ったばかりではなく、今どきの社会民主党員も現行の綱領の中で、現在の資本主義的形態における労働を社会化された労働と呼んでいます）、彼らの言わんとする社会主義的労働の形態の持つ、本当の意味が理解できるのです。資本主義における蒸気の技術を利用した生産形態を、労働の社会主義的形態と見なしたように、彼らはまた中央集権化された国家を社会の社会主義的組織であると、官僚が管理する国家所有を共同社会所有であると見なしています。しかしこうした人びとは、社会が意味するものに関して何の洞察力も持ち合わせていません。社会とは、諸社会からなる社会、連合《ブント》、自由以外の何ものでもないことを、彼らはおぼろげにすら感じ取っていないのです。それゆえ彼らは、社会主義とはアナーキーであり、連合制であるということを理解できません。彼らが社会主義とは国家であると信じているのに対して、文化を希求する者たちは、社会主義を創造しようとしています。崩壊と貧窮、資本主義とその属性である貧困、経済的個人主義と表裏一体の精神性の喪失と暴力から、端的にいえば国家から、諸社会と自発性からなる社会への移行を考えているからです。

国家資本主義者マルクス

彼らマルクス主義者が言うには、社会主義がいまだに野放図に意味のない生産を続ける企業家の私有のもとにある、つまり企業家は社会主義的な生産力を手にしている（蒸気エネルギー、完成に向かいつつある生産機械、無駄に数を増やしているプロレタリアート大衆のことだと考えて下さい）、言ってみれば、魔法使いの弟子が魔法のほうきを振り回しているような状況であるために、物の氾濫、過剰生産、混乱に至るということなのです。簡単に言えば恐慌へと至るのです。個々の恐慌をどう説明するにせよ、マルクス主義者の恥知らずで愚かな見解ではすでに存在するとされている社会的生産方式というものは、統計的に制御し方向づける国際的機構による調整機能を必要としていると、少なくともマルクス主義者はそう考えているのです。そうした組織がなければ「社会主義」は決して完成せず、すべてが無秩序に進行する。資本主義の組織形態は善だが、そこには秩序、規律、厳格な中央集権制が欠如している。資本主義と国家は手を結ぶ必要がある。そうすれば、ここで私たちは敢えてこう言うのですが、そうすれば国家資本主義が実現する。それをあらゆるマルクス主義者は社会主義だと考えています。しかし彼らがその社会主義の中にあらゆる形態の資本主義と統制を再発見するように、また今日存在する画一化と調整への流れを最終的な完成形へと進化させようとしているように、プロレタリアートもまた彼らの社会主義の中に引き継がれるのです。資本主義的経営のプロレタリアートから国家プロレタリアートが生まれ、この種の社会主義が始まる時点で、プロレタリアート化は預言通りに現実となり、巨大化していきます。例外なくすべての人間が、国家の小規模な経済公務員となるのです。

資本主義と国家は手を結ぶ必要がある。事実、それがマルクス主義の理想です。彼らはもはや理想についてなど聞く耳など持たないでしょうが、私たちはこう言いましょう。これこそ彼らが発見し、支持してきた発展の流れであると。私たちの共同生活から精神が失われ、正義と愛、経済的な結合《ブント》、小さな社会的有機体に特徴的な旺盛な多様性が消えてしまったからこそ、すさまじい暴力や国の官僚制度にもとづく荒廃が必然となっていることが、彼らには理解できないのです。私たちの時代のこのような著しい衰退について、彼らは何も理解していません。彼らは、技術は進歩するという幻想を抱いています。実際その通りかもしれません。多くの文化ではその通りだったでしょうが、中には技術の進歩を伴わない文化もあり、特に衰退期、精神の個人主義化、大衆のアトム化の時代にそれは顕著です。そこで私たちはこう言いましょう。実質的な時代の退廃と歩調を合わせた実質的な技術の進歩は、ここでもまたマルクス主義者向けにマルクス主義的な言い方を借りると、イデオロギー的な上部構造、すなわちマルクス主義の進歩的社会主義というユートピアに現実の物質的な基盤を提供しているのだと。しかし彼らのなけなしの精神には、先進技術のみならず、それ以外の時代の方向性も反映されているため、彼らにとっては資本主義も進歩であり、中央集権的国家も進歩となります。ここで私たちが、マルクス主義者の使ういわゆる唯物史観的な術語を彼ら自身に向けて用いるのは、単なる皮肉ではありません。彼らはこの歴史的考察をどこからか取り入れ、そして私たちは、彼らがどこでそれを見つけてきたかを、今やかつてないほど明言できます。それは彼ら自身の中にあるのです。精神構造と思考の関連性をマルクス主義者が時代の環境に即して語っていることは、確かにすべての同時代人にとって真実で、その点でそれもまた時代の子であり表現であり、その中には創造的なもの、抵抗心、独自性、精神性に富む個性などは、まったくもって存在しないことが理解できます。ここで再び私たちはスノッブに、マルクス主義者に遭遇します。彼のイデオロギーが我らの時代の悪の上部構造に過ぎないのは、マルクス主義者にしてみればまさにその通りなのでしょう。事実衰退期には、時代の産物である非文化が支配します。そして今日そのような具合に、いまだにマルクス主義者が支配しているのです。文化と充足の時代は、彼らが進歩と呼んでいる衰退の時代から発展するのではなく、彼らの本性に照らすと本質的に決して彼らの時代に属していなかった人びとの精神から派生しているのだということを彼らは知りません。将来、偉大な転換期の歴史と呼ばれるようになる時代は、決してスノッブや時代に適合した人びと、あるいはそれを自称する者たち、または社会的進歩によって達成されるものではなく、孤独で隔離され、民衆や共同体と共にあるために一層孤立している人びとによって達成されるという事を、彼らは知りもしないし理解もできません。

資本主義は社会主義に発展しない

私たちの衰退の表側と裏側、資本主義の生産状況、国家が同一面に合い並び、補完し合ってさえいれば進歩的発展は到達点に達し、その結果、正義と平等が実現されていただろうとマルクス主義者たちが信じていることに、疑いの余地はありません。彼らの包括的な経済国家は、たとえそれがそれまでの国家の後継者であっても、または世界国家であっても、それは共和的あるいは民主的な構造物となって、このような国家の法は実際に国家を構成しているごく普通の人びとの利益となるだろうと、本気で信じ込んでいるのです。申し訳ありませんが、あらゆるスノッブのファンタジーの中でもこの最悪のファンタジーに対して、私は笑いを禁じ得ません。プチブル的ユートピアの写し絵は、実際のところ、資本主義のよどみのない後ろ向きの発展の産物に過ぎないのです。衰退の時代と没個性化された非文化の完成形としての理念、この矮小化された国家について、これ以上時間をかけるのはやめておきましょう。本物の文化とは空虚ではなく中身を伴っていること、本物の社会とは現実にある個人をつなぐ絆の精神から、また精神から成長した小さな連帯からなる多様性であり、共同体からなる構造物であり、統一体であることを検証していきましょう。マルクス主義者のいう「社会主義」とは、肥大化を定められた巨大な甲状腺腫です。何も恐れる必要はありません。それが肥大しないことは早晩分かります。しかし私たちの社会主義は、心の中で育ちます。連帯する人びとの心を一つにし、精神の中でそれを成長させるのです。矮小化された社会主義と精神の社会主義の間の二者択一ではありません。それは間もなく明らかになることでしょう。もし大衆がマルクス主義者や修正主義者についていくなら、資本主義が温存されます。マルクス主義的「社会主義」に突然変化することも、また、遠慮がちに呼ばれているところの、いわゆる修正主義的社会主義に発展することも絶対にありえません。衰退とは、私たちのいう衰退とは資本主義のことですが、他の時代における文化や高揚がそうであったように、私たちの時代でもやはりその衰退の中にあまたの生の諸力を宿しているのです。衰退には、老朽化、転倒、または転覆への志向という意味はまったくありません。衰退、没落期、民衆精神の喪失、精神の喪失の時代は、何百年も何千年も続くこともあるのです。衰退とは、私たちのいう衰退とは資本主義のことですが、私たちの時代が文化と躍進を宿していないのと裏腹に、大いなる生の諸力を宿しています。私たちに社会主義への活力と情熱が欠けてしまった一方で、資本主義は力とエネルギーを宿しているのです。私たちが直面している選択は、社会主義のとある形態かそれとも別の形態かということではなく、単純な話です。資本主義か社会主義か、国家か社会か、非精神か精神かの選択です。マルクス主義の教義は資本主義からは引っ張り出せません。そして資本主義は、自分の髪の毛を引っ張り上げて底なし沼から抜け出した、かのミュンヒハウゼン男爵［訳註「ほら吹き男爵」の異名をもつ有名な大ぼら吹きの貴族］のうわてを行くだろう、そのためにも資本主義は、この予言に従うなら、みずからの発展の力でみずからがはまっている底なし沼から這い上がらねばならないというマルクス主義の教義も、また間違っているのです。

この教義がいかに間違っているかに関しては、後ほど詳しく見ていきましょう。資本主義はいかなる形態の社会主義に発展する傾向も内在していないことに、言及していきましょう。社会主義を怪物から、マルクス主義が下劣な言葉で彼らの最終目標と呼んだ下劣な事象から解放していくためにも。資本主義はこの種の社会主義にも、またその他のいかなる社会主義にも発展することはありません。このことを説明するため、私たちはいくつかの質問に答えていかねばなりません。

では、問題を提起してみましょう。社会主義はマルクス主義者が描き出す通りのものなのかどうか、その未来はどのように発展していくのか、発展していくべきでないのか、あるいはそれは単なる予想に過ぎないのかという問題提起です。ついには資本家がたった一人になってしまうまで、資本家たちが共食いを続けるというのは本当のことなのでしょうか。三十羽のアヒル小屋のうち一羽を潰して、それを二十九羽のアヒルに与えると、二十九羽がそれをむさぼり食い、翌日には二十八羽が仲間のもう一羽をむさぼり食っていくという具合になるのでしょうか。そしてこの奇妙な例えは、実際の発展理論と同じようにごく当たり前に始まり、一見したところ均質にゆっくりと進行を続けていたはずなのに、最後には信じがたい結末が待っているわけですが、この通りに事が運ぶと、最後にはたった一羽の健康状態のよい大きなアヒルが三十羽のアヒルを腹の中にため込み、集中化するまで続いていくということになるのでしょうか。果たしてこれは本当のことなのでしょうか。たった一羽のアヒルしか残らないのでしょうか。中産階級が消滅し、プロレタリアート化が例外なく急速に進展し、終わりが見えてくるというのは本当なのでしょうか。失業はいっそう悪化し、従ってこうした状況の継続が不可能になるという発展の道を辿るのは、本当のことでしょうか。そしてそこから締め出された者たちが精神的な影響を受け、自然の欲求から立ち上がり、声を上げ、革命的にならざるを得ないというのは本当のことなのでしょうか。そしてついに恐慌はより広範かつ破滅的なものとなり、生産能力が資本主義を凌駕して成長することを余儀なくされ、その結果、いわゆる社会主義に発展するというのは本当のことなのでしょうか。

これらは全部本当なのでしょうか。こうした一連の観察、警告、脅威、預言は、実際のところどうなっているのでしょうか。

以上が、今、私たちが問うべき問題であり、私たちが常に問い、中でも私たちアナキストは当初から、マルクス主義者が存在する限り問うてきた問題なのです。マルクス主義者が出現する以前には、本物の社会主義が、中でも偉大な社会主義者たちとピエール＝ジョセフ・プルードンの社会主義が存在しましたが、その後マルクス主義によって潰されてしまいました。しかし私たちは、再び彼に光を当てようとしています。これこそが私たちの問いであり、非常に異なる視座ながら、修正主義者によって提起されている問いでもあります。

社会主義はいつでも到来する

私たちのマルクス主義描写のあちらこちらですでに触れてきた問題に答えてはじめて、そしてまた、私たちの状況と、資本主義が特に『共産党宣言』と『資本論』の登場以来辿ってきた足取りについての本当の姿を、マルクス主義による時代イデオロギーの単純化と弁証法的戯画化と対比させてはじめて、私たちは先に進み、私たちの社会主義と私たちの社会主義への道が何であるかを語ることができるようになります。なぜならば社会主義というものは、マルクス主義者お得意の進歩的俗物史観の霧がいまだに空気中に立ちこめている限り、――これはマルクス主義者こそ耳を傾けるべきことだと今ここで申し上げておきますが――、つまり社会主義というものは、いかなる技術形態にも欲望にも可能な限り左右されてはならないのです。もしまとまった数の人びとが望むのであれば、社会主義はどんな時代であっても可能です。ただ、社会主義は技術の水準や手にした技術、つまり始めるにあたっての人数など、いずれにしても何ごとも無からは始まらないため、人びとが手にしている手段や過去の遺産から受け継ぐ手段によって常に違った様相を呈するし、違った始まり方をするし、違った具合に進行することでしょう。従って先ほども申し上げたように、ここで単一の理念の描写や、単一のユートピアの叙述をするつもりはありません。まずは、私たちの置かれた状況と精神の状態をより詳細に検証しなければなりません。それをして初めて、私たちがどのような社会主義への呼びかけを行っているのか、どんな種類の人間について語っているのかをお話しできるのです。マルクス主義者諸君、社会主義とはどんな時代においても可能だし、どんな技術であっても可能なのです。どんな時代でも、たとえどんなに原始的な技術であったとしても、然るべき人びとにとってであれば可能であり、一方でどんな時代であれ、目を見張る発展を遂げている機械技術があったとしても、それにふさわしくない人びとには不可能なのです。私たちは社会主義をもたらしてくれる発展など知りません。自然法則に則った必然性も知りません。それでは、私たちの時代が、マルクス主義に帰結するまで繁栄するとされる私たちの資本主義が、言われているものとはまったく違う様相を呈しているということをこれから示していきましょう。資本主義が突然社会主義に姿を変えることも滅びることも社会主義が到来することも必然ではありません。マルクス主義的な資本・国家・プロレタリアートが連携した社会主義の到来もまた必然ではなく、それを残念に思うこともないのです。いかなる社会主義の到来も、必然ではありません。それをこれから検証していきましょう。

しかし社会主義を求めるのであれば、そして社会主義を創造したいのであれば社会主義は到来可能であるし、またそうであるべきです。この点についても検証していかねばなりません。

6　資本主義の先にある未来？

ここで、マルクス主義者の立ち位置をまとめてみましょう。

一、工業、商業、貨幣・信用制度における資本主義的集中は社会主義のある種の前段階であり、始まりと考えられる。

二、資本主義的企業家、あるいは少なくとも資本主義的企業の数は減少を続ける。個々の企業の規模は拡大する。中間層は縮小し、没落していく。プロレタリアートの数は無限に増加する。

三、これらプロレタリアートの数は増加の一途を辿るため、その中から常時失業者が輩出される。これら産業予備軍の生活状況は悪化する。消費できる以上に生産されることで、生産過剰へと至る。こうして周期的な恐慌の出現が不可避となる。

四、ごく少数の者の手に握られている莫大な富と、大衆の困窮と不安定の間に存在する不均衡は拡大の一途をたどり、極度の恐慌状態に陥る。労働者大衆の不満は極限まで高まり、破滅、革命へと至ることになる。その過程において、資本主義的所有から社会的所有への移行が可能となり、それはまた不可避である。

以上のマルクス主義の基本原則に関しては、アナキスト、市民階級、近年ではとりわけ修正主義の批評家など、多方面から批判が投げかけられています。批判に同意するにせよしないにせよ、正直な人間ならば、これらの批判から導かれる結論に揺るぎのないことは否定できません。

資本主義の利害関係者

企業家の数を問題にすべきではなく、また、資本主義社会の存続はこれら企業家の数に大きく左右されるということも前提にすべきではありません。むしろ問題にすべきは、資本主義と利害関係を持ち、資本主義の枠内で表面的には比較的余裕のある安定した暮らし向きを送っている人びとです。これは、例外はあるものの、ものの考え方、態度、気質の面でも、資本主義との利害関係に依存している数え切れないほどの人びとを指し、独立した企業家であろうと、羽振りの良い代理業者であろうと、高級官僚であろうと、被雇用者であろうと、株主であろうと、年金生活者であろうと関係ありません。税務統計やその他異論の余地のない観察結果から、こうした人びとの数は減るどころか、絶対的または相対的にいくぶん増加していることが見て取れます。

この点に関しては、感情に流されたり、些細な個人的経験や部分的な観察を普遍化して結論を引き出さないよう、特に気をつけねばなりません。確かに百貨店、そして場所によっては消費組合が中小の商店を相当数駆逐しているのは、誰の目にも明らかです。また考慮すべきは、倒産して店を畳んだ商人だけではなく、それ以上に自営するだけの勇気と手段をまったく持たない、より多くの人びとについてなのです。問題は、こうした自立していない人びとの大半をどこに位置づけるのか、彼らはプロレタリアートなのかどうなのかということだけです。これについては、この後すぐ、プロレタリアートとは一体何を意味するのかを検証する際にお話ししましょう。こうした生半可な知識にもとづく個人的経験や個別的認識をよそに、資本主義に利害を持つ人の数は減っているどころか、むしろ増えていることは否定できません。

しかし資本主義的企業と工場の数に関しては、数の減少が認められます。ただ付け加えなければならないのは、この減少は緩慢で減少数もごくわずかな上、急速に展開する傾向も見せていないので、もし資本主義の終焉が本当に数の減少に起因するのだとしたら、もう何千年もの間、資本主義の終焉が取りざたされることもなかったはずです。

新たな中間層の問題は、かなり取り上げられるようになりました。新中間層の存在は否定できません。また中間層を自営の手工業者、商人、小農、年金生活者だけだと理解すべきとは、どこにも書かれていません。

誰がプロレタリアートか

誰が中間層に属するのかという問題を、誰がプロレタリアートなのかという問題と結びつけて考えることも可能です。マルクス主義者は、最後の一線に踏みとどまるべく必死です。彼らが言うには、所有する階級の構成員は自立していて、自身の労働手段を所有し、顧客を抱えている。一方プロレタリアートとは自立性がなく、労働手段を所有せず、自分の買い手に依存しつつも対峙している個人のことであると。この説明はもはや十分とはいえず、きわめて奇っ怪な結論に達することになったのです。数年前のこと、ベルリンでも最大級の会場で開催した公開の集会で、この問題の一側面についてクララ・ツェトキン▼と討論した際、私はこういう質問をしました。この会場の所有者は、この手の建物の所有者にありがちなことだが、彼のところにビールを納めているビール会社から完全に独立しているのだろうか。このビール会社は彼の土地を担保にとってはいないか。彼はその会社のビールだけを販売するように長期にわたって義務づけられてはいないか。机、椅子、グラスはビール会社の所有物ではないか。彼の毎年の収入は三万、四万、五万マルクになるだろうか。この資本主義の時代には、従来の指標では十分に表せない職分が生まれているのではないか。彼は被雇用者でも代理人でもなく、独立した存在であるかもしれないが、自立しているとも言えないのではないだろうか。彼はみずからの労働手段を所有していない。それでは彼はプロレタリアートなのだろうか。こんな質問でした。そこにいる全員が同じように感じたわけではありませんが、実際に私が得た回答は、「そうだ、彼はプロレタリアートに違いない」というものだったのです。生活レベルの問題でも社会的地位の問題でもなく、労働手段と安定性を所有しているかどうかの問題だ、労働手段を奪われた人間は完全に安定しているとはいえないはずだ、というのです。

そこで私は、きわめて単純かつ科学的とは言い難い言葉を用いて、プロレタリアート的な生活レベルを送る者がプロレタリアートなのだと、敢えてそう答えました。もちろんプロレタリアートの中にもさまざまな段階があります。生存のための最低限を手に入れようと闘っているどん底の貧困からはじまって、どうにか家族を養って失業の時代を生き抜いている労働者もいます。そのほとんどが、知らず知らずのうちに栄養不足のために自分の寿命を縮め、もしくは少なくとも自分たちとその子供たちの生命力を弱め、慎ましい収入の余剰にあずかることも決してなく、芸術、美、自由な娯楽に参加することもできないでいます。世間はプロレタリアートという言葉をこのように解釈していますし、私たちもそう考えています。しかしそれだけではありません。マルクス主義者も実はそれ以外には考えていませんし、考えようもないのです。彼らプロレタリアートだけが、資本主義ではなく状況の変化に関心を抱いており（全体的な視点から彼らの関心を解釈した場合ですが）、彼らプロレタリアートに対してのみ、自分たちをつなぐ鉄鎖以外に失うものはないとか、世界を掌握するだろうという言葉が発せられるのです。

上層労働者階級の中には、もはや完全にはプロレタリアートに分類できない職業も存在しています。出版業や建設業のいくつかの職種は、比較的賃金が高く労働時間の条件も良好なものの、自分たち独自の制度、資本主義の枠内での生活保障を十分だとは考えていない労働組合の力でかろうじて苦境に耐えうるだけの配慮がされていないのであれば、そのきわめて不安定な雇用環境と失業の危機を考えると、彼らはやはりプロレタリアートに位置づけられるべきと思います。このあたりが境界になっていると確かに認めざるを得ません。事故、怪我、高齢による困窮に対して十分な保証がなされていないことから、やはり彼らはプロレタリアートに分類されるべきでしょう。

それに対して、もっと困窮しているのにプロレタリアートと呼ぶべきではない人びとから構成される階層の存在についても触れておかねばなりません。そこには貧乏な著述家、芸術家、医師、士官などが含まれます。厳しい耐乏生活の中で彼らおよび彼らの両親は、しばしばある程度の文化を彼らに習得させてはいるものの、その文化は往々にして彼らを空腹から守ってくれないし、固くなったパンを食べ、炊き出しに並ぶことからも守ってくれません。しかしその外面的な生活習慣や内面的な豊かさによって彼らはプロレタリアートとは一線を画し、今現在、孤立状態にあったとしても、まっとうな生活を送っていたとしても、ボヘミアンであったとしても、独自の階級を形成しており、数の上では上回るプロレタリアート以上に急速にその数を増やしているように思われます。彼らの中には心のよりどころを失った場合、プロレタリアートの最下層に身を落とし、路上生活者、浮浪者、ポン引き、詐欺師、犯罪常習者になる者もいます。

ところが広範な階層の中には、何らかのかたちで従属してはいるものの、プロレタリアートとまったく異なる人びとも数多く存在します。例えば店舗販売員として雇われている者の中には、外面的にも内面的にもプロレタリアートとは異なる人間が多いことに疑問の余地はありません。多くの製図技師や技術者などに関しても、同じことが言えます。下級官吏も独自の人種です。その内面からして、彼らはプロレタリアート以上に奴隷的存在と呼べるでしょう。政党と労働組合職員がどのカテゴリーに属するかについての答えは、ここでは控えておきましょう。彼らについては、数よりもむしろ影響力の点を考慮しなければなりません。

しかし富裕層に属していないにしても、間違いなく新たな中間層を形成しているとおぼしき者が現在多数存在し、相当に数を増やしています。会社員、支店や部署の責任者、管理職、統括責任者、技術者、上級技術者、代理人、仲買人がそれに相当します。彼らと資本主義との関わりはきわめて深く、そのため、彼らの経済的な状況とそれを前提とした立場を考慮すると、プロレタリアート化も革命化も彼らには期待できません。しかしマルクス主義が問題としているのは、以上のような「プロレタリアート」だけなのです。例外的な人物や例外的な気質を持った大衆が存在すること、またそうした人びとの間では、その立場や意志と外的な状況との間に、直接的・自動的関連性などもはやまったく成立していないことをマルクス主義は意に介していませんが、私たちは改めてここを強調していくべきなのです。

しかし、不安定性に関してはどうでしょうか。ここでは、資本主義社会のすべての構成員にとって不安定性は確実に存在すると申し上げておきましょう。私たちはその度合いについても区別しておかなければなりません。資本主義に特別な利害を持つ特定の階層が存在することにも触れて、その層を手短に資本家と呼んでおきましょう。一方で現実は、私たちの誰もがただ一人の例外もなく、資本主義が存在するかぎり資本主義と利害関係を結び、そこに組み込まれ、実際に資本主義的活動に従事し、プロレタリアートもその例外ではありません。そこで安定性についても大まかな区別をした上で、固定的ではなく流動的な境界線を引くにとどめておかなければなりません。なぜならここでは、抽象的な構築物ではなく歴史的に所与の現実を問題としているからです。私たちが新たな中間層もしくは資産家と見なしている多くの人びとは、その従属状態にもかかわらず、また自身の労働手段と顧客を持っていないにもかかわらず、通常彼らにとって不安定性とは、可能性として否定できない理論的な事象を意味するに過ぎず、それが現実になるのは例外的な場合だけなのです。しかし、実際にマルクス主義者が細部を検証して概念を打ち立てることはなく、その代わり、特定の階層の運命と行動に対する自身の期待感に、科学的な語彙で装った普遍的な表現を与えようとするだけです。そこでマルクス主義者にしたところで、自分自身と自分自身の願望を偽らず、また身につけた啓発の力を拠り所に誤った理論に最後までしがみつきでもしない限り、決してプロレタリアート転落の危機に瀕することのない自立・独立なき者の数が、全体として見ればゆっくりと増加し、その傾向が顕著になっていることを、もはや頭から否定できなくなるはずです。

マルクスの預言と資本主義の変容

そのため、今やマルクス主義者のお告げの旗色は良くありません。百歩譲ったとしても、預言の言葉がそうであったように、マルクスのお告げもかつては真実だったという程度のことになります。カール・マルクスが、本物の預言者や詩人のように高揚した気分で語ることは稀で、その語り口も大抵の場合は科学的で、科学の外見をまとったまやかしへと導かれることも珍しくなかったとしても、いまだ若かった資本主義の観察をもとに、はじめて自分の考え方をまとめて発表した当時の彼は、本物の預言者でした。これは、彼が警告する人であったことを意味しています。目の前で起こっていることがそのまま続くのであれば到来したに違いない未来を、彼は予告したのです。また自分が目の当たりしたことを放置せず、その警告が結果をもたらし、結果を変えることに彼自身多大な貢献をした点では、警告者であるとともに影響力を行使する人、つまり本物の預言者の一人でした。何も知らずに彼はこのようなことを言っています。資本家諸君、もし過酷な搾取、急速なプロレタリアート化、諸君の仲間内での無秩序な競争がこのまま続けば、また諸君がこれ以上共食いを続け、プロレタリアートへと身を落としあい、企業は合併してその数を減らし、個々の企業が巨大化を続けていくなら、あっという間に終焉を迎えることだろうと。

しかし事態はこの通りには運びませんでした。資本主義はきわめて多岐にわたる多種多様な需要を生みだし、高級、中級、低級、低俗な贅沢を満足させるようになり、補助的な産業を助けるために、大規模産業がこの手の需要を生み出していったのです。その結果、あらゆる技術が必要不可欠なものとなり、例えば家屋建設業、都市建設業、中小工場などまったく新しい職種が盛んになり、訪問販売業者や委託訪問販売員の数が減ることはなく、中小の商店が駆逐されていく分野がある一方で、新たな可能性が見いだされた分野もあります。

熾烈な競争に関するなら、抽象的な図式または詩的なまでの高まりを見せている絶望の通りに、悪化の一途を辿っているわけでは決してありません。私たちはいまだにトラスト化とシンジケート化の大きなうねりのただ中にいて、それは確かにいくつかの小規模企業からその顧客と生存を奪ってはいますが、同時に多くの中、大、巨大企業は共存を認め合い、消費者獲得競争に互いに死力を尽くす代わりに、消費者に対抗して手を結ぼうとしています。小商人も彼らを倣って、生き残りをかけて独自の協会や組合を結成しているのが分かります。独立した家具職人の協会は自分たちの展示場を作って、大企業に対抗することでしょう。小商人は購買グループと協力したり、統一価格を決めて団結したりします。資本主義は至るところでその活力を維持します。そして資本主義の形態が社会主義へと移行する代わりに、逆に資本主義は、消費者と市場独占の搾取という自身の目的のために、協同組合と相互扶助が持つ純粋に社会主義的な形態を利用するのです。

国の法整備の過程を見ても、資本主義が各国で十分に力強く持続していくように配慮がなされています。シンジケートが国内で価格低下や不当な競争が発生しないように配慮を行っているように、国の関税制度は、一国の資本主義が他国の資本主義を圧倒することがないよう配慮を怠りません。国の関税制度と国際的な合意が、ますます世界市場での機会均等を約束するという流れです。この諸条件の均等は、各国の人口、賃金体系、文明、技術、自然条件、入手可能な原材料の価格と量が平等ではないため、自由貿易体制の中では見かけだおしに過ぎませんでした。関税政策とは、事実上の不平等を人為的な規制によって調整しようという流れを指します。これはほんの手始めです。差し当たり、この分野は未開状態のまま進行しています。各国はまだ束の間の権力を利用し尽くそうとしていますが、この流れの行き着く先は、いずれにしても明らかです。

また国家はそれ以外の分野でも、資本主義が最悪のかたちで先鋭化するのを防ぐべく、ある程度の配慮をしてきました。それを人は社会政策と呼びます。青少年の搾取など資本主義のもっとも嘆かわしい弊害に対抗するための労働者保護法が、一定の保証を提供してきたことに間違いはありません。それ以外にも、国家の介入、法規制、予防措置によって、資本主義におけるプロレタリアートの状況、従って資本主義そのものの状況も改善されてきました。この効果は社会保障政策にも及び、中でも疾病の場合に顕著です。

こうした法制度が資本主義に及ぼした実際の作用以上に重要なのは、その道徳的成果です。プロレタリアートだけではなく政治家をも含む大衆にとって、それは未来国家と現在の国家の間にある差異を不明瞭にしました。国家が力をつけ、その警察が新たな権力集団となりました。工場の監視、労働者と企業家間の仲裁、病人、高齢者、障害者を持ったプロレタリアートの世話、労災保護だけでなく、従属あるいは不安定な状況にある者の保護まで行っています。まるで小邦の領主のような国家の振る舞い、そして国家とその法制度への無邪気な信頼は強化され高まりました。大衆と政党の中の革命的な気分は本質的に弱まっていったのです。

革命家は革命から生まれる

企業家がみずから行ってきたこと、国家が配慮してきたことを、今度はプロレタリアート自身も、国家の法整備への政治的な参画のみならず、独自の連帯にもとづいて設立した制度を通じて進めてきました。元々労働組合とは関わりを持とうとしなかったマルクスとエンゲルスですが、それも理由のないことではありません。彼らは職能団体を無用にして有害なプチブル時代の遺物と考えていました。さらに二人は、生産する主体としての労働者の連帯が、いつの日か資本主義の存続と安定に利用されるだろうと予想していたのです。しかし、神の摂理によって選ばれた解放者あるいは社会主義の実現者としてではなく、生活、つまり資本主義の枠内で強いられた生活を、良きにつけ悪しきにつけ出来るだけ快適なものにしようという労働者の行動を、彼らは阻止できませんでした。労働者も、失業、放浪、疾病、時には老齢、突発的な死亡事故に備えた独自の基金で身を守っているのです。企業家、役場、もしくは私的な職業斡旋業者の職業紹介に対抗する場所で、労働者は迅速かつ利害に適った職業の仲介を行っています。企業家と労働者の間に確かな関係を築くため、両者の間でより長期にわたる労働契約を結ぶことにも着手しました。彼らは現実と現在の必要条件に突き動かされており、理論も政党の綱領も、それをやめさせることは決してできません。党綱領と理論は、むしろ情報手段を通して広められた資本主義的な労働関係の現実を後追いしなければなりませんでした。さまざまな陣営の教条主義者や理想主義者は、労働者が目的に適った方策で貧困と荒んだ現状を打開しようとするのを、あの手この手で阻もうとしています。しかし、もちろんそれがうまくいこうはずもありません。労働者は、追従と崇拝の言葉で革命的階級と持ち上げられるのが大好きです。しかしそれで彼らが革命化するわけではないのです。大衆の中に革命家が存在するのは、革命の時だけです。マルクス主義者最大の過ちの一つは、社会民主主義者を自称していようがアナキストを自称していようが、革命家となる道筋において革命が達成されると考えることですが、それとは逆に、革命によって人は革命家になるのです。革命の勃発に備えて然るべき頭数を揃えておくために数百年にわたり革命家を生み出し、増やし、集めておこうという純粋培養的考え方は、きわめてドイツ的で、子供っぽく、俗物的、教条的です。革命家について気を揉む必要はありません。実際、革命が到来したその時に、革命家はいわば自然発生してくるのです。しかしながら、革命が、新しいものを形成する力が到来するためには、新たな諸条件を創り出さねばなりません。それらを最良のかたちで造り上げるのが、無邪気な人びと、楽観論者と呼ばれる人びと（実際に楽観する必要はありません）、革命になるとまでは思わないものの、彼らの考える新機軸の必要性と正義に熱中した結果、障害や危険を克服できない不可避なものとして認識していない人びとです。そのような人びとが望んでいるのは、上手く行ったところで手段にしかならない革命ではなく、むしろ特定の現実であり、それが彼らの目標なのです。まったく別の任務を遂行する必要があるのに、たとえば古代ローマ人やジャコバン党員を気どってしまうと、歴史の記憶は最悪の事態を実現してしまいます。しかしそれにも増して最悪なのは、ヘーゲルの影響を受けたマルクス主義者がもたらしたある種の歴史の科学です。目前の革命に思いを巡らせなければ、どんなに長い間私たちが革命から遠ざかってきたかなど、分かろうはずもありません。マルクス主義は今まで聞いたことのあるどんな歩みともまったく異なる歩みを私たちに教えてくれました。二歩前進したら一歩後退しつつ、それでも前に進んで行くエヒタナハ［訳註　Echternach。ドイツとの国境に接するルクセンブルクの町］の町の祭りの行進とも異なります。それどころかマルクス主義では、革命という目標に向かって一見目的に叶った動きをしているのに、そうすることで、むしろどんどん目的から遠ざかっていくのです。革命の結果を思い描くことは、常にそれを怖れるに等しいことがここから分かってきます。自ら行動するにあたって勧められるのは、起こるであろう事ではなく、やるべき事を考えることです。時代の要求は叶えられねばなりません。それを叶えてくれるのが、みずからの心、情熱、正義、空想の産物を、継続的、徹底的、根本的に形にしようと努力する人びとなのです。

なるほどそれは、つぎはぎだらけの資本主義、つまり私たちが過去百年間に企業家、国家、労働者自身による企てとして目撃し、この三者の関係性の中で急速に台頭してきた様な資本主義とは、まったく別のかたちで実現されねばなりません。

労働者の生活状況および労働条件改善のための生産組織である労働組合内部における労働者の闘争も、またこれと同じ構図に属します。生産する主体としての労働者が、マルクス主義者が不幸にして不可避と形容した事柄に対して、その基金制度を通じていかに抑制的な方向で介入しているかを、私たちは見てきました。しかしそれ以外にいまだ労働組合の主要な任務となっているのが、交渉とストライキという手順を通じてより高い賃金と労働時間の短縮を勝ち取ることです。

資本主義の枠内の賃金闘争

賃上げ闘争に関していえば、多数の団結した生産する主体が消費者全体に対峙する場合であっても、実質的にそれは個別の闘争になります。そしてそこでは、個々人が一斉に生産する主体としてのこの闘争に突入します。労働者の労働者自身に対する闘争です。労働者とその組織は徹頭徹尾世俗の利害に叶ったやり方で、彼らが受け取る金銭、賃金を最大化しようとする傾向があります。五マルクが三マルクより多いことに異論の余地はありません。そして昨日三マルクだった賃金を今日からは毎日五マルク受け取るほうが、労働者にしても嬉しいし共感も呼ぶでしょう。問題は来年の今日、三年、五年、十年後の今日になっても、彼がいまだにそれに喜んでいられるかどうかだけです。金銭は物価と賃金の関係のあらわれに過ぎず、すべては金銭それ自体が持つ購買力にかかっているからです。

ところが、さまざまな税金や関税と同じように、賃金の上昇も物価の上昇につながることも分かっています。もちろんピアノ職人はこう反論するでしょう。ピアノが値上がっても自分には何の関係もない。高い賃金をもらったところでピアノなんぞ買わないし、パン、肉、服、住宅を買うくらいのものだ。例えば織布工ならこう言うでしょう。買わなきゃならない材料も高くなっている。必要な分のごく一部だけを値上げして必要なもの全体をまかなおうとしたら、賃金全体を上げることになってしまったんだ。

この件およびこれに類似した個人のエゴイズムに由来するあらゆる異議に対してなら、根本的、包括的な回答をすぐにも返せます。それができるのもP・J・プルードンのおかげです。「経済的な事柄でごく普通の人びとにとって妥当とされていることでも、それを社会全体に広げようとした場合、即、過ちになる」からです。

労働者は賃金闘争において、まるで自分が資本主義社会の受益者であるかのごとく振る舞います。互いを蹴落としながら進むエゴイストになり、その際一人では何もできないため、組織され一致団結したエゴイストになるのです。彼らは職能別の組合員として組織され、団結します。こうしたすべての職能組合が集まり、資本主義の商品市場のために生産する主体というその役割の中で、労働者としてまとまっていきます。この役割の中で彼らは闘争を続け、資本主義的な企業家に対する闘争だと彼らが考えていても、実のところそれは消費者である自分自身との闘いなのです。

いわゆる資本家というものは、実体を持った、手で掴めるものではありません。資本家は確かにかなりの責任を負う中間的な存在ですが、生産する主体として闘う労働者が資本家に一撃を見舞おうとしても無駄なのです。労働者は殴りかかりますが、殴りかかっても透明な張りぼてを殴っているようなもので、自分自身に返ってきます。

資本主義の枠内での闘争では、真の勝者、つまり恒久的に有利な状況を勝ち得るのは、資本家として闘う者だけです。技術者、管理職、営業職が、仕事上の守秘事項に関する自分の能力あるいは知識ゆえに上司や株式会社にとって不可欠な存在ならば、彼はある日、こんな風に言うかもしれません。「今の給料は二千マルクですが、一万マルクに上げていただけないなら、競争相手のところへ移らせていただきます」。もしこれを実行した場合、彼はおそらく生涯ずっと最終的な勝利を手に入れたことになるでしょう。彼は資本家として振る舞ったのです。エゴとエゴとの闘いです。このように個々の労働者も時には不可欠な存在である自分自身を利用して、自身の生活水準を改善したり、富の領域に踏み入ったりもします。しかし労働者も労働組合の中で闘争すれば、一人一人は無力でも、数の力でまとまれます。そうすることで彼らは機械の一部としての役割を受け入れ、さらに全体の一部として行動し、全体が彼らに呼応します。

このように、労働者は生産する主体としての闘争を通じて、すべての製品の製造コストを値上げさせています。この値上げは贅沢品の場合は限定的でも、特に大量生産の必需品の価格上昇を引き起こします。そしてそれは釣り合いがとれた上昇ではなく、まったく不釣り合いなものです。賃金の上昇局面では、物価は不釣り合いなほど上昇します。賃金の下降局面では、逆に物価は不釣り合いなほどゆっくりと小幅に下落します。

その結果、長い目で見れば、生産する主体としての労働者の闘争は、消費者としての労働者に現実的な不利益をもたらします。

生活費が大幅に上昇して多数の人びとにとって生活が困難になったとしたら、それは労働者だけの責任、もしくは多くの責任の所在が労働者にあると言っているのでは決してありません。そこではたくさんのことが複合的に作用しており、責任の所在は、経済全体のことを理解していない、従って文化を理解していないエゴイズムに常に求められるのです。これらの要因の一つが生産する主体の闘争で、彼らはこの闘争を通じて、最下層ではあっても資本主義の構成員としての自分の居場所を明確に見いだしました。資本主義者を資本主義者たらしめているすべてが卑しいのです。労働者を資本主義者たらしめているすべてが、プロレタリアートという立場において卑しいのです。もちろんここから言えるのは、彼らが卑しい役回りを引き受けてしまったということだけです。こうした役割のいかんを問わず、プロレタリアートが実直、清廉、勇敢な存在であることに何の変わりもありません。盗人も勇敢になれます。賃金と物価上昇をめぐる闘争に関するなら、労働者は自覚こそないものの盗人なのです。自分自身に対する盗人なのです。

労働組合がストライキを武器に闘っているのは賃金上昇のためだけでなく、労働時間の短縮、処分を受けた者たちへの連帯感、労働資格証明などのためだという指摘もあるでしょう。

それに対しては、今ここで問題とされているのは賃金上昇効果だけで、また、今ここで展開されている説を労働組合に対する宣戦布告だと捉えられたとしたら、それは私たちに対するあり得ない誤解だと反論しておきましょう。そうではありません。労働組合は資本主義において必要不可欠な組織であると認識されています。ここで話すことも、最終的にはご理解いただけるはずです。労働者は革命的階級ではなく、資本主義の中で生き、死ぬことを余儀なくされた気の毒な人びとの群であるというのがここでの認識です。ここでは、労働者に対する国や自治体の「社会政策」、労働者政党のプロレタリアート政治、労働組合のプロレタリア闘争、労働組合の金庫は必要不可欠なものとして容認されています。気の毒な労働者たちが、全体の利益、それが単に労働者全体のものだったとしても、全体の利益を守れる状況にまったくないということも、認めざるを得ません。さまざまな陣営が、エゴ優先の闘争をそれぞれに展開せざるを得ないのです。各陣営が他の全陣営に対峙した場合すべての陣営は少数派となり、生活必需品の値上げから身を守らなければならないのがその理由です。

しかしここで認識され、容認され、承認されたすべては、労働者を、生産する主体という資本主義の最貧困層としてではなく、革命と社会主義の運命のために選ばれた担い手として捉えようとするマルクス主義にとっては打撃です。

それに対して、こう反論されるかもしれません。いや、それは違う。資本主義からの離脱の必要性を労働者が理解しない限り、資本主義においてはここまで言及されてきたすべてが必然であると。しかしそれはどれも、資本主義の強制的な流通を堂々巡りしているだけなのです。資本主義的生産の内部で発生するすべては、その内部にますます深く引きこもるだけで、決してそこから出てくることはありません。

労働組合と協同組合の結合

もう一度別の角度から、この同じ側面を簡単に検証してみたいと思います。資本家は、マルクスその他が多数の貴重な個別の著作で詳細に記述したように、労働者を脅しにかかります。君らは労働手段も工場も経営手段も何も持っていないし、人数にしても我々が必要とするよりずっと多い。だから我々が提供する賃金で働いていればいいのだと、それを行動で語っているのです。労働者に対して資本家が暗黙のうちに一致団結すると同時に、彼らが国内外で熾烈な競争におかれている限り、互いに関連する二つの事実がここから生まれます。それが低賃金と低価格です。必要に迫られ正当に対抗するため、賃金を上げないのなら我々は全員働かないと労働者が団結したとしましょう。その結果が高賃金と高価格です。それに対抗して、今度は資本家が再び団結します。その第一段階としては労働者からの圧力に対する相互支援と保証、そして第二段階が価格安定を目的とするカルテルで、その結果、賃金上昇はますます鈍り、物価はいとも簡単に上昇していきます。次に来るのが、外国からの安価な競合品に対抗しての関税による保護措置です。時には、海外または少なくとも農村部からの安価で従順な労働力の移入、あるいは女性労働者による男性労働者の置き換え、非熟練労働者による熟練労働者の、機械労働による手仕事の置き換えも加わります。労働者が影響力を行使できるのは賃金だけで、それと同時に物価にも影響力を行使できないとしたら、資本家が常に有利なのは明らかです。

従って、労働者が資本主義的商品市場のために生産する主体という役割にとどまり続け、それでもなお、自分たちの状況を根本的に改善しようとするなら、つまり資本が生む利益の一部を自分たちのために確保しようとするなら、彼らにはできるだけ高い賃金とできるだけ低い価格を同時に目指す以外の選択肢はありません。自助というやり方なら、ある程度までは資本主義の枠組みの中でもこの方向に向かうことが可能です。社会主義の組織形態である協同組合を消費サービスの一貫として設置し、食、住、衣、雑貨など生活必需品の一部から、中間業者の一部を排除するような場合がそれにあたります。そうなると、比較的高賃金で労働組合に組織されている労働者にとっては、もし彼らの消費組合（住宅組合も消費組合に入ります）を通じて必需品を比較的安い価格で入手できるのならば、実質的に一定の成功を収めるチャンスも享受できます。

資本主義による収益の一部を労働者の手に移行させる、つまり財産没収以上に過激なもう一つの方法が、国や自治体の立法による最低賃金と物価上限の設定です。これは中世のコミューンのやり方で、満足な結果は残せなかったものの、フランス革命においても、実現というよりむしろ提案されたといったほうが正しいでしょう。まったく異なる文脈、つまり真の文化と共同体が存在した中世のコミューン政策を見ると、次のようなことが理解できます。すなわち、こうした手段を通じての財産没収は、暴力的な変革期に一時的に推奨される革命的な階級政策としては妥当でも、社会主義という観点からすると、社会主義への一歩というところがせいぜいで、社会主義ではないということです。なぜなら社会主義とは暴力的な行動のことでは決してなく、持続可能で健全な状態を指すからです。

労働組合の賃金と協同組合が提供する価格の融合、もしくは高賃金と低価格の同時実現のいずれのやり方をとるにしても、それは資本主義と社会主義の生半可で過渡的な混合物に過ぎません。消費のための組織は社会主義のはじまりです。生産の主体の闘争は資本主義衰退の兆候です。同時発生的な高賃金と低物価は、絶対に両立できない矛盾です。そして、強力な組合および一致団結した消費組合運動からの一斉の働きかけは、資本主義社会にとっては、当局からの高賃金・低価格の強制と同じくらい耐え難いに違いありません。

このような強制的な相場価格は、いずれの場合もまさに強制以外の何ものでもありませんが、物価の急騰を招き、社会の破産の引き金にもなります。

これは暴力的な革命の兆候となりえます。しかしやはりそんな場合でも、もちろん資本主義は自己防衛してくるでしょう。今日でも、労働組合運動・協同組合運動がいかに猜疑の目で見られているかは明らかです。労働組合は相変わらず革命を起こす不安要素の一つで、ゼネストへの傾向を内包しています。協同組合は、きわめて控えめでその自覚もありませんが、社会主義のはじまりです。もしこのふたつがより強固になってお互いの相互関係を意識するようになれば、息の詰まるような停滞が危険なほどに高まった結果、バルブが開けられ、両経済分野の提携は制限され、もしくは不可能になってしまうかもしれません。

高賃金・低価格では、どんな社会も持続しません。低賃金・高価格でも同様です。比較的平穏な時代には、資本家と労働者は盲目的な個人のエゴイズムから高価格と高給与・高賃金に固執し、その結果、贅沢への欲求と不満、意欲に欠ける生活、収入を得る難しさ、停滞、慢性的な恐慌、緩慢な流通がますます頭をもたげてくるのです。あの一八四八年に、成果こそ上がらなかったもののプルードンが見事に示した「低価格！　低収入！　低賃金！」という革命期の流れが、次の機会にはうまく行くよう願ってやみません。自由、躍動、快活、活発な流通、暮らし向きの良さ、慎ましい喜び、率直な無邪気さなどの結果を、きっともたらしてくれるでしょう。

ついでながら、強力な生産する主体と消費者運動がごく稀に手を結んで協力した際、そこからの圧力を感じた国と資本主義が行うはずの、あるいは行うに違いない措置を予測して、それを労働者に向けた警告と受け取っては絶対になりません。そのよくある例が、「手始めに何ができるだろうか。でも国はそれを禁止するに違いない」と考えてしまうことです。この手の警告は私たちの流儀ではないし、すべきことでもありません。いずれにせよ他の人びとも、各自の役割に従って行動してくれるものと考えたいのです。それを見守ってさえいればいいのであって、思い悩む必要などありません。可能な限り資本家に労働者を搾取させることなく、可能な限り高い賃金を支払わせるように尽力することをみずからの責務と感じている人は、強力な消費者組織というものは、もし徹底した労働組合闘争と結びつくのであれば、その目標のための格好の武器となりうるということを、今ここで私たちから学びました。選択肢として官制の賃金・物価統制に大きな希望を抱く人はほぼ皆無な上、資本家の余剰所得を税金という形で強制徴収して、それを何らかの方法でプロレタリアート、労働者協同体に還元するといった類いの試みに期待する人などましてや存在しません。この方法は単に革命的なだけで、稚拙で素人じみていると同時に、転換期のほんの一時期の避難的措置として利用できるのみです。似たようなことがジャコバン派独裁期においても時折試みられましたが、結果は出ていません。一八四八年直後もフランスのジラルダン▼陣営によって提案されています。ラッサールの政治的な活動と衝動も、この方向で活動していました。

私たちは、こうした革命と社会主義、闘争と建設を結合させることによって社会を停止させ行き詰まりをもたらそうという特異な試みに対して、警告を発しているのではありません。ただ申し上げておくべきは、今現在、私たちはそこからはまだほど遠い段階にあること、そして無自覚ながらも社会主義のささやかな始まりとなっている今日の消費協同組合は、何らかの手段で資本主義に大幅な価格破壊を強い、そこから買い手を奪うだけの能力などまったく持ち合わせていないということです。ここに、社会主義を求める人びとがまずは着手すべき課題があります。言ってみれば、社会主義が実現するのなら、それは消費を通じてのみ可能だということです。

これについては後ほど説明します。ここで示すべきは、すべての一面的な闘争、資本主義的生産の領域におけるすべての活動、つまり生産する主体によるすべての活動は資本主義の歴史のほんの一部に過ぎず、それ以上のものではないということです。

労働時間短縮と日給制

しかし私たちはすでに、生産する主体として労働組合での活動、労働者の経済的自助制度、彼らが目指す立法に向けた国への圧力を叙述し、批判してきたのですから、これらの組織の持つ別の二つの重要な任務とその闘争についても、手短に触れておこうと思います。労働組合の主な責務は労働時間の短縮を徹底させること、そして給与体系の改善、つまり出来高賃金払いと請負賃金払いを日給制度に改めることとも密接に結びついています。出来高賃金と請負賃金とは、目標の生産量と品質に応じて労働に対して対価を払う方法です。健全な交換経済では、常にこの種の労働賃金支払に回帰すると言っていいでしょう。しかし人びとに不正義を課し、人びとからの必要不可欠な要求をないがしろにしている社会においては、物事の公正を期すことで人びとへの不正を先鋭化させてしまう以上に、忌むべきことはないとも言えます。資本主義の支配下の労働者は、自分たちの要求以外の原理が自分たちの収入を決定することに我慢できません。今や彼の肉体および生活に関する要求には、彼とその家族が暮らしていけるだけの賃金の獲得だけでなく、長時間労働によって健康、睡眠、余暇が損なわれないようにすること、労働時間の短縮をめぐる闘いも含まれ、それが出来高賃金払いおよび請負賃金払いに対抗するための新たな根拠を彼に与えています。労働時間を短くしても彼の収入は減少してはならず、労働強度を格段に高めることを強制されてもならないのです。そのため、日給ではなく時間給で支払われる建築業のような職種では憂慮すべき事態にも陥ります。労働時間短縮を巡る個別の闘争においては、時給の値上げも同時に闘うことが労働者には徹底して求められますが、このような闘いはしばしば妥協に終わります。一つの目的は達成するものの、もう一つの目的は諦めなければならない、具体的には、労働時間と実収入を同時に追い求めることを諦めるのです。従って資本主義のもとならいずこにおいても、労働者は出来高・請負払いだけでなく、時間給を求めて闘わねばなりません。日給こそが、資本主義の労働者の要求であるべきです。その要求の中で文化の声に耳を傾けようと、悪の声に耳を傾けようと、すべての人にまざまざと見えてくるのは、労働者とは生きた市場に参入して物を交換する自由な人間ではなく、主人から生活の糧をもらい、社会からそれを保証されなければならない奴隷なのだということです。日給制度のもとでは、労働と労働が生み出す生産物の質および量との間にこれといった相関関係はなく、そこに双務的な交換は成立していません。必要最低限の生活を送りたいという欲求だけから成り立っています。ここからも、資本主義世界における労働者はみずからの存続のために資本主義的で非文化的な制度に与せざるを得ないことが理解できます。困窮と生産する主体としての役割が、彼を共犯者に、資本主義の隷属者にしているのです。組合に組織された労働者による日給制度獲得闘争と同じ意味合いを持つ闘争が、政治の世界にも存在します。秘密投票を要求して政治的な活動を行っている労働者の闘争です。物々交換、つまり生産物に対しての対価または賃金を受け取る代わりに、日給というかたちで日々の糧を得るのが不名誉であるように、共同体に対するみずからの権利と義務を投票ボックスの中でこっそりと行使するのはあさましいという理由からM・フォン・エジディー▼は公開投票に賛成しました。自由で清廉な人びとにとって悪い結果にはならないはずだと、彼はそう期待していたのです。しかしこれも、高貴な人びとの抱くドン・キホーテ的な理想に過ぎません。今どきの労働者は日給による支払を望み、国家市民は不安を抱えた奴隷であることを選択しました。資本主義経済と資本主義国家の個別現象と、その解決不可能な症状の治療を始めようなど、それは不可能なことなのです。労働者は自分の生活を心配せねばなりません。そしてもし投票のための投票ボックスが閉じていなかったとしたら、彼の生活は脅かされていたでしょう。もし日給を受け取っていなかったとしたら、彼の生活は脅威に晒されていたでしょう。私たちが資本主義から離脱しない限り、ここでお話ししているすべては生活に必要不可欠なことばかりなのです。しかしそれは、社会主義のための手段でも道でもありません。

肉体と精神を強靭かつ柔軟に

労働時間の短縮には二つの面があって、そのうち一方に言及されることは多くとも、もう一方については、私の知る限り、しかるべき注目が払われていません。労働時間の短縮は、まず労働者の活力維持のために必要とされています。ここでの私たちの課題は、社会主義の名のもとに、このような闘争と法整備のための制度である労働組合と闘うことではありません。生活者の福祉の名のもとに資本主義の個々の現象と断固闘わないのなら、それは愚かなことですし、ほとんど犯罪的な行為といえましょう。しかしここでは、大胆かつ事実に即して批判するためにも、労働組合が行ってきた良き行いに対して然るべき感謝の念を捧げることを、少しの間中断すべきだと考えます。労働組合はあらゆる国で労働者のために過酷な労働時間を短縮してきました。疲労困憊して嫌々ながら働く工場の中で、大変な緊張に晒されて、無気力に、そして死ぬほど退屈な技術を用いて、時には労働者自身とは無縁の何かを作るための時間を短縮してきたのです。感謝と賞賛を労働組合には捧げなくてはなりません。労働組合はどれほど多くの人びとに、就業時間後の休養、楽しい家庭生活、読書や書き物など手軽にできる高尚な生活の喜び、社会生活に参加する機会を与えてきたことでしょう。これは大きな成果ですが、それでもまだ少ないくらいです。ようやく近年になって、ほとんどの場合は不十分で、しばしば笑えるくらい悲惨な、いかにも党略的なやり方ではあるにしても、勝ち取った余暇時間が有効に使われ始めています。長時間労働との戦いと並行して、労働組合は甚大な破壊をもたらすアルコールの乱用との戦いも率いてきました。生産現場ばかりでなくくつろぎの時間や休暇中の労働者の面倒を見ることも、自分たちの義務と考えてきたのです。まだまだやるべき事は多く、私たち民衆の中にいる芸術家、詩人、思想家との共同作業を行う機会も多々あります。私たちは社会主義を呼びかけるだけではありません。理想の声に従うだけでは、未来に向かって進むだけでは不十分なのです。私たちの肉体となって、姿となって現れる精神の名のもとに、私たち民衆の中にいる生きとし生ける者、大人たち、子供たちと全員と向き合い、そうすることで彼らの肉体と精神を逞しくかつ繊細に、強靱かつ柔軟にしていかねばなりません。そして、生きとし生ける人びとと共に社会主義へと進んでいきましょう。しかしそれが彼らに何か特別な、いわゆる社会主義的技法、科学、教養を授けることだと誤解をしてはいけません。政党のパンフレットや党派的な著作は大混乱を巻き起こすだけで、例えばいわゆるブルジョワ的な科学のほうが、社会民主主義の科学よりも価値がある上に、当然のことながらより自由でもあります。そのような試みは、どれもお役所的、官僚的、官公庁的なものになってしまいます。アナキストだけでなく、あらゆるマルクス主義的、社会民主主義的趨勢からも共感を得ている大きな過ちは、労働者の仲間内であらゆる静的かつ永続的なるものが軽蔑され、しかるべきものとして認知されず、その一方で、扇動と皮相な日々の叫びが過大評価されて大輪の花を咲かせていることです。つい最近、あるドイツの大都市で、こんな出来事がありました。社会民主主義の団体の依頼で、私は労働組合員のためにドイツ文学の講演を十回にわたって行ったのです。講演を終えるとアナキストの労働者たちが会場に現れ、いつか自分たちのところでも講演をして欲しいと、以前なら考えられなかったような依頼を受けるという体験をしました。その時、私は彼らにこう答えようと決めたのです。これはゲーテ、ヘルダーリン、ノヴァーリス、シュティフターとヘッベル［訳註　Christian Friedrich Hebbel, 一八一三－一八六三、ドイツの劇作家、詩人］、デーメル［訳註　Richard Fedor Leopold Dehmel, 一八六三－一九二〇、ドイツの詩人］、リリエンクローン［訳註　Detlev von Liliencron, 一八四四－一九〇九、ドイツの詩人］、ハインリッヒ・フォン・レーダー▼、クリスティンア・ヴァーグナー▼などについての講演ですよ。でも諸君はそんなもの聴きたくもないでしょう。なぜって、私たちの耳に届くべき美を語る人間の声、強く落ち着きのある命のリズムとハーモニーは、大嵐の中ではなく、穏やかな風の優しいそよぎ、動きのない聖なる停滞の中でこそ聞こえることを、諸君は知らないのだから。「風の吹くこと、水のながれ、穀物の生長、海の波だち、春の大地の芽生え、空の光、星のかがやき、これらをわたしは偉大だと考える。壮麗におしよせてくる雷雨、家々をひき裂く電光、大波を打ち上げる嵐、火を吹く山、国々を埋める地震などを、私は前にあげた現象より偉大であるとは思わない。いや、むしろ、小さいものと考える。…（中略）…われわれは人類のみちびきとなるおだやかな法則をみつけることにつとめたい。…（中略）…それは正義の法則であり、徳の法則であり、各人が重んぜられ、敬われ、危害を加えられることなく他者と並存し、人間として、より高い行路を進み、隣人の愛と賞賛をかちうるようになること、また、すべての人間は他のすべての人間にとって一個の宝石であるがゆえに、万人が宝石としてまもられんこと、を欲する法則なのである。この法則は人間が人間とともに住むところには、つねに存在し、人間が人間にたいして働きかけるばあいには、かならずあらわれる。それは、夫婦の愛情のなかにも、親の子にたいする、子の親にたいする愛のなかにも、兄弟姉妹や友人どうしの愛のなかにも、男女のやさしい恋のなかにも、われわれを維持する勤勉のなかにも、人間が周囲のために、遠い人びとのために、人類のためにおこなう活動の中にも…（中略）…存在しているのである」［訳註　アーデルベルト・シュティフター著、手塚富雄・藤村宏訳『水晶』より『石さまざま』の序、1993、岩波文庫］。今ここで高らかに呼びかけられ、今ここで静かな声で語られている社会主義も、人類の共生が持つ永続的な美の穏やかな現実なのです。醜悪な現代性による、野蛮で醜悪な過渡期の破壊ではありません。破壊も、恐らく呼びかけの副産物なのかもしれません。もしあらかじめ私たちの魂の内部での生命の美しさを穏やかに形にしてから実現しないのであれば、たとえ呼びかけたところで、破滅的で、邪悪で、無用の産物に過ぎないのです。内に秘めたあらゆる熱気と感動にもかかわらず、あらゆる刷新は怒り、醜さ、無慈悲などを内包しています。すべての古きものは、もっとも邪悪なものの中でさえ、また軍隊や国民国家のようなどこにでもある制度の中にさえ、古く伝統があるからという理由で、それがたとえ老朽化して不必要ゆえに交代が求められていたとしても、美の輝きを秘めているのです。そこで私たちが、そのための革新者となりましょう。新たに創り出そうとして前もって懐いている空想を、すでに終焉した体験済みのものとして、過去と原初の聖なる生命と結びついたものとして体験するのです。ゆえに何よりもまず、私たちが打ち立てる穏やかなるもの、永続するもの、絆で結ばれたものをもって、破壊するのです。私たちの連合《ブント》は、私たちを現実の世界と結びつける永遠の諸力を備えた、たゆまぬ生命の結合《ブント》でなくてはなりません。私たちを突き動かす理想とは、表面的な時代の出来事の一過性や個別性を超えたところで、私たちを平穏な精神へと集約してくれる理想を指し、それこそが結合《ブント》と呼ばれるものなのです。これが私たちの社会主義です。まるで永遠に存在する過去であるかのように、未来を創造するのです。興奮や怒りにまかせたいっときの早急さからではなく、精神の現在、伝統、私たち人類の遺産の中から、社会主義を導き出していきましょう。

自由時間か労働強化か

働く人びとの余暇と終業後の自由時間をめぐる闘争に対する私たちからの感謝の意を労働組合に捧げるために、話を中断してしまいました。今、申し上げたのは、私たちからの感謝の気持ちだと思って下さい。私たちは、時代遅れで老朽化した忌まわしい崩壊現象の産物にも、結果にも、反動勢力にもなりたくはありません。かつては共同精神だったのに孤立してしまった沈みゆく精神を新たなかたちへと導き、再活性化し、美化する生産的な人間でありたいと考えています。そこで私たちの感謝もまた生産的であるべきだし、労働者の余暇と自由時間がいかに使われるべきかに関しても、そうでありたいと考えています。そうすることで、健康、強靭そして精神で結ばれた人びとは新しい何かを準備できるのです。新しい何かは、それが私たちにとって価値があるのなら、私たちと共にあり続けるべきであるのなら、まるで大昔からあるかのように現れいずるのです。

労働時間の短縮によって、働く人びとの終業後の自由時間はより長くなります。それが事実であったとしても、そしてそれがどんなに喜ばしいことであったとしても、この成果がより強化される労働力利用、より高い労働強度を必要とする労働につながることがきわめて多いことを、決して見逃してはなりません。例えば大規模な株式会社など資本力の強固な企業家では、労働側の勝利を喜ぶだけの十分な理由がありまｓ。特定の業界のすべての企業家にとってみれば、労働時間の短縮が必要不可欠です。しかし大規模工場の場合、新しい機械を導入して、今まで以上にせわしなく動くその装置に労働者をつなぎ止めることでその埋め合わせをしようとすると、多くの場合、中小の競争相手に対して大きな優位性を持つことはできなくなります。時に状況はまったく逆転します。巨大工場にとって大規模な機械設備の再編が難しい一方で、中小企業は順調な売上と高い信用さえあれば、新たな条件により簡単に対応できるのです。

通常テクノロジーは、機械の下僕に過ぎない人間の活動から、必要に応じてますます多くの労働を汲み上げるためのアイデアと規範を提供してくれます。

終業後の時間が長くなることでもたらされるもう一つの厳しい側面は、労働日の仕事がきつくなっていることです。事実、生きている人間は生活のためだけに働くのではなく、労働の中で生きていることを実感し、生きている喜びを感じたいと考えているのです。つまり夕べの休養、休息、娯楽だけを楽しみにしているのではありません。とりわけ活動そのものの中に喜びを、彼の肉体の機能の中に魂の実在を必要としていくのです。私たちの時代は、スポーツ、非生産的で遊びの要素に富んだ音楽的な活動、芸術的な仕事や職業などを生み出してきました。真の文化においては労働それ自体が、再び私たちの活力を喜びあふれる状態へと回復させてくれることでしょう。

すると工業家は、労働時間の短縮が自分から奪ったものを取り戻すべく、工場の動力機械を一度ならず再編することも多々あります。それが労働システムです。工場内では、鉄や鋼鉄以外のものから作られたメカニズムがいまだに存在します。何点かの新たな規則、何人かの監督者や工場長といった役職が、新しい機械よりも経営の発展を加速することもしばしばです。確かにこうしたメカニズムは通常長続きしません。怠惰、つまり労働者に特有の緩慢な仕事ぶりと、監督者が仕事を進めようとするエネルギーの間には、常に暗黙の闘いが存在しています。そして事が人間対人間になった場合には、長い目で見ると、ある種の怠惰・不活性の法則が勝つのはいつものことです。労働の停滞を意図したこの闘争は、昔から存在していました。かなり以前に階級闘争にとっての意識的な武器、いわゆるサボタージュの一部となっています。このサボタージュというのは、ある特定の目的のために緩慢、ぞんざい、劣悪、もしくはまったく有害な労働を提供するよう労働者に要求するもので、例えば郵便、鉄道、港湾労働者のような個別のケースでは、優れた効果を発揮します。その一方で、憂慮すべき側面もあります。資本主義市場のために生産する主体という役割として、労働者の究極の闘争手段がとられた場合、階級意識を持つ闘士がどの時点でそこから離脱するのか、また資本主義に魂を浸食され、堕落し、没落していった無責任な者が一体どの時点で参加するのか、その判断がつかないことが多いことです。

奴隷と労働者の違い

労働システムを厳格化したところで、一時的な効果しかありません。しかし機械は譲歩してくれません。機械の回転数や出力は決まっていて、もはや労働者は多少の差はあれ血の通った人間ではなく、人間から人間のエネルギーを搾り取るように作られている金属の悪魔に依存しているのです。人間が持つ労働の喜びへの心理的期待感は、その際、副次的な役割しか果たしません。一人一人の労働者は、機械、道具、動物のほうが働く人びとよりも丁重に扱われていることを理解して、それを苦々しく思っています。ここまでお話ししてきたこと同様に、これも挑発でもなければ、デマゴギー的な誇張でもありません。まったく冷静に把握した真実なのです。しばしば現代のプロレタリア的奴隷という呼び方がされ、その言葉には最大限の怒りが込められています。しかし、それが意味するところをきちんと理解する必要があり、「奴隷」というような言葉は、情緒的ではない本当の意味を理解して使用しなければなりません。奴隷とは、厳格に保護され、仕事をする上では精神面でもサポートを受けている被後見人を指します。従って、その死は支出を意味しました。新しい奴隷を買わなければならないからです。現代の労働者の主人との関係に関して暗澹たる思いにさせられるのは、労働者はこのような奴隷とは違って、多くの場合企業家にとっては、労働者が生きていようが死んでいようが大した違いはないという事実に他なりません。彼は資本家のために生き、たった一人で死んでいくのです。代わりとなる人間はいくらでもいます。機械と馬は買わねばなりません。そのためにはまず購入費用がかかり、次に運用のための経費がかかります。奴隷も同じです。奴隷は多くの場合買われてくるか、子供の頃から育てられ扶養されていました。現代の企業家は労働者をただで手に入れます。ミュラーやシュルツェに食い扶持や賃金を払うかどうかなど、企業家にとってはどうでもいいことなのです。

ここでもまた、企業家と労働者の間の関係の没個性化、非人間化の中で、資本主義システム、現代の技術、国家の中央集権化が手を携えて働きかけを行っているのです。資本主義システムは、すでに労働者を数字に変えてしまいました。資本主義と結びついた技術は、労働者を機械の歯車装置の歯車に変えます。そして資本主義的企業家が労働者の死を悼まなくてもすむように、病気や事故の場合にも決して企業家が個人的にそれを引き受けなくてもすむように、国家が手配してくれるのです。国の保険制度は、確かにさまざまな角度からの考察が可能です。しかし、保険制度が命あるものを黙って働く機械で置き換えている点は、見逃すべきではありません。

資本主義も技術の奴隷

技術の限界は、それが今日資本主義に組み込まれたありようから見ると、人間性の限界を超えてはるかかなたに行ってしまいました。労働者の命と健康について顧みられることは、あまりありません（これについては機械だけを念頭においてはいけません。仕事場や工場の空気中の有害な金属物質、街全体の大気汚染も記憶に入れておきましょう）。労働時間中の労働者の喜びや快適さが考慮されていないのは確かです。

マルクス主義者とその影響下にある労働者大衆は、社会主義的技術を資本主義的技術からいかに根本的に区別するのかという点について、まったく無頓着なのです。文化を持った民衆であれば、技術はそれを使う自由な人びとの心理にのみ従って存立すべきです。働く人びと自身が、どんな条件下で働きたいかを決めるのであれば、彼らは生産現場から離れる時間の長さと、生産現場で行う予定になっている労働強度の間に妥協点を見いだします。これに関しては、一人一人で意見の分かれるところです。終業後の時間を多くとって休息に当てるため、大急ぎで仕事を終わらせたい人もいれば、一日の時間を単なる手段に格下げするのをよしとせず、労働に快適さと喜びを見いだし、「急がば回れ」をモットーに、自分の持つ技術を自分自身のあり方に合わせる人もいるのです。

しかし今日、この点が議論されることはありません。技術は完全に資本主義の呪縛下にあります。機械、道具といった命を持たない人間の下僕を、人間の主人に戴いてしまったのです。資本家も彼が導入したメカニズムにきわめて依存し、今や、労働時間の短縮の第二の側面のほうが目につくほどになりました。第一の側面とは、労働時間の短縮が労働者のエネルギーの保存に有益なことでした。この傾向が、高まる労働強度にどの程度見合っているのかを私たちは見てきました。しかしそこには、労働時間の短縮が失業を減らすという、労働階級の構成員にとって好ましい作用もあります。

すなわち工場主は、自分の機械設備をフルに活用しなければなりません。採算が合うように、一定の時間機械を動かさなければならないのです。工場の採算を確保するに際して、彼は国内外での競争に身を投じる必要があり、電力の採算を確保するため、さまざまな分野の機械類を昼夜動かしておく必要が生じます。労働時間が短縮されると、さらに多くの労働者を雇い入れることになるでしょう。多くの場合工場主は、労働者との闘争の機会それ自体を、二十四時間労働、つまり交替制導入のために利用します。採算性の確保、機械設備からの要求、労働者の注文、これらすべてが同時に行動を起こし、労働者の雇用が増加し、それによっていわゆる産業予備軍が減少します。すべてのことが、ますます工場の採算性によって決定されるようになります。しかしその際、機械設備の要求と市場の受け入れ能力の間に、ある種の妥協点が見いだされねばなりません。

しばしば企業家は、彼の機械設備と機械に配置された労働者の数を考慮しながら経営を一定規模に保っていくことを余儀なくされ、市場にもはや受け入れ能力がない場合、企業家は製品価格を下げざるを得ません。資本主義市場では、商品が十分安価で提供されている時に限って、すべての商品の受け入れが可能だからです。このため、一人の企業家が数千人の労働者を昼夜働かせたとしても、働かせれば働かせるほど損を出すことになりかねません。価格が再び上昇に転じるもっと良い時期が来ることを見込んで、彼はそれを受け入れます。この見込みが外れた場合、彼はその工場の一部もしくは全体を、数日間閉めることにもなります。

今どきの技術は資本主義の魔法にかかっているという私たちの主張を補っているのが、資本主義もまた自分自身が造り上げた技術の奴隷であるという事実です。いわば魔法使いの弟子のようなものです。「一度お化けを出してしまうと、もう二度と元には戻せません」。好況時には誰もが好調な売れ行きに合わせて、ある程度自分の企業の設備をしているため、生産の規模に選択の余地はありません。資本家もまた、自分自身の機械の車輪に縛り付けられているのです。こうして資本家も、労働者とともに機械に押しつぶされていきます。

私たちは今、資本主義的生産がきわめて緊密に投機と結びついているという論拠の一つにも言及しました。自分の企業や売上の条件次第で投機に手を出さずにすむのは、資本主義の階梯の中でもきわめて下位に位置する者だけです。一方で機械設備と人的配置、もう一方で世界市場の価格変動という、まったく相容れない二つの要素に自分の工場が依存しているのであれば、誰もが投機家になるのです。こうした状況に置かれた人びとは、しばしば何年にもわたり、数百週、数千週にもおよぶ労働時間に対して固定した労賃を支出せねばならず、それと同時に週を追う毎に損失を被り、「うちの労働者のほうが自分よりまだましだ」とため息を漏らすことも多いはずです。こうした無限の気苦労に駆り立てられた気の毒な金持ちは、自分の財産の一部を株式に投機して、本業での不運を相殺することでしばしば救われます。それとは反対に、事業が上手く行っているのに、まったく違う分野の投機で身を滅ぼす者もいます。資本主義的な市場に依存する者は投機を余儀なくされ、投機に順応することを求められ、多種多様な分野への投機を余儀なくされています。

資本主義のもとで苦しむ労働者は、この資本主義的状況下ではすべての人間が例外なく計り知れない苦しみを受け、喜びをほとんど知らない、もしくは本当の喜びをまるで知らないというこの重大な事実について、ほとんど何も教えられていません。労働者は、資本家の悩みがどれほど深く、屈辱的で、圧倒的なのかについても、まったく不必要かつこの上なく非生産的な苦悩と緊張を抱え込んでいるのかについても、何ら知らされていないのです。こうした彼自身と資本家の類似点に、労働者が注目することはほとんどありません。それはすなわち、資本家のみならず労働者の中でも膨大な数の人びとが、まったく不必要、非生産的、無駄な労働の対価として利益と賃金を受け取っているということでもあります。そして現在生産現場では、ますます多くの贅沢品が作られる傾向があるということです。その中には労働者向けのがらくたが含まれることがあっても、本当の需要に応えてくれるような必需品や中身の伴った製品はほとんど作られていません。必需品の価格は高騰し、贅沢品はますますガラクタに、ますます安価になる傾向が見られます。

それではこのあたりで、私たちは労働組合活動という脱線から戻って、最終的なまとめに入りましょう。

資本主義は進歩ではない

私たちは、資本主義と利害関係のある企業家、工場主と商人、また自分の暮らし向きという点で利害関係者である労働者、そして最後に国までもが、資本主義経済のシステムの維持にいかに汲々としているか、そして今後もそのために尽力するだろうことを見てきました。さらに私たちは、すべての人間がいかにお互いの収奪に没頭し、誰もが一様に個別の利害を選択し、全体に損害を与えざるを得ないのか、同様に資本主義のどの階梯にいようと、すべての人間が不安定性に脅かされているかに注目してきました。

それらを検証することで、私たちはマルクス主義の破綻をも検証してきました。マルクス主義は信じているのです。市民社会自体の制度と破滅のプロセスの中で社会主義が準備を始め、ますます勢力を拡大しながらますます大胆に登場し、ますます革命的に振る舞おうとするプロレタリアート大衆の闘争が、歴史が定める社会主義への行動にとって必要不可欠なのは明らかであると。しかし実際は、資本主義市場のための生産する主体としての労働者の闘争は、資本主義の円環の中を回っているに過ぎません。この闘争が労働者階級の状況の全般的改善をもたらすとも言えません。そこから窺い取れるのは、この闘争とその影響によって、労働者が現在の環境と社会の全般的な状況に順応させられてしまったことだけです。

マルクス主義とは、資本主義的状況を維持・強化し、諸民族の精神に影響を及ぼすことでその精神を荒廃させる、一つの、そして小さからぬ要因です。諸民族、市民階級、そしてまた労働者階級ですら、無意味で投機的で文化なき貨幣を取得する生産状況と癒着しています。こうした状況下で特に苦しみ、しばしば困窮と欠乏によってますます貧困の中に生きることを強いられている階級から、明晰さ、反逆心、刷新の喜びが奪われていくのです。

資本主義は進歩ではなく衰退の時代にあたります。

社会主義は資本主義のさらなる発展の道に訪れるものでも、資本主義内部の労働者の生産者としての闘争によってもたらされるものでもありません。

これが私たちの結論です。

否定と衰退の時代

私たちの現在が属するこの数世紀は、否定の時代にあたります。さまざまな結合《ブント》と協業、私たちの源であるいにしえの文化の時代に存在した共生のすべて、あらゆる地上の美しき営みと活気が、天国的な幻想に引き込まれて、絡め取られてしまったかのようでした。そこでは、三つの要素が分かちがたく結びついていました。一つめは、結びつこうとする生の精神。二つめは、個々人の魂の中で真実と認識されている宇宙についての、言葉では表現できないまとまり、捉え難さ、重要性を描き出すために使われる形象表現。そして三つめが迷信です。

私たちの時代、キリスト教の文字通りドグマ的観念としての迷信は、民衆の中でもますます攻撃され、根絶されつつあります。星の輝く宇宙の何たるかが発見されると、地球とそこに住む人間は、小さくなると同時に大きくもなりました。世俗的なものが活性化したのです。悪魔、天上の力、妖精、悪霊への恐れが姿を消し始めたのです。人は、従来通りのしかめ面をした神の世界にいるよりも、回転する小さな星の上に無限の空間を持つ世界にいるほうがより安心を感じるものです。人は、計算可能な有効性という点で誤解の余地ない自然の力を知ることを学び、それが使えることを学び、恐れることなくそれに信頼をおきました。労働と天然資源の加工に関する新たな方法が発見されました。大地はその球体の隅々まで研究され、人が住まうようになります。交通とコミュニケーションが今まで見たこともないほど、まるでおとぎ話のようにこの地球を駆け回っています。以上すべてに関連することですが、同時に生を受ける人間の数は桁外れに増加します。彼らを満足させるだけの需要と手段も、猛烈な勢いで大きくなっていきました。

この否定の時代、迷信は単に打撃を受けるに止まりませんでした。実証が迷信からその地位を受け継いだのです。自然の客観的な状態に関する知識は、自然の中に存在していたデモーニッシュな敵・味方への信仰を失わせました。自然を支配する力が、デモーニッシュな世界の気まぐれと悪巧みを恐れる気持ちに取って代わり、数え切れない精霊たちの死をもっとも端的に示すのが、人間の子供の出生数の桁外れな増加です。

ただ私たちが押し戴き、諸々の世界とともに配してきた精神の天空には、あらゆる深遠な感受性、あらゆる高揚感、あらゆる人の絆と結合《ブント》が深く結びついていました。私たちが発見した星々の世界、私たちが信頼を置くようになった自然の諸力は、単に外側に位置するだけで、役には立ちますが、外的な生にのみ仕えています。外側の生と私たちの内面との統一を、私たちはさまざまな、時に深みがあり時に月並みな哲学、自然理論、詩的な表現などを借りて表現しています。しかしそれは私たち自身の一部になってはいないし、躍動もしていません。逆に、かつて躍動していたもの、形象表現、信仰、認識、つまり世界は実は私たちの内なるものだからして、それは有用性という感覚が教えてくれるのとはまったく別のものであるという、言葉では言い尽くせない認識、またはこうした認識をもとに自発的な小規模集団に結集した人びとが作る純粋な協同体は、迷信を道連れに一気に凋落していったのです。しかし、自然科学と技術の進歩がそれを代用することはありませんでした。

文化や人びとを結びつける精神の本質が衰弱しているからこそ、私たちは現代を衰退の時代と呼んでいるのです。

古い迷信や、もはや意味を持たない形象表現に立ち返ろうという試み、常に繰り返されている、理性よりも感受性が優越する人間の病的な弱さや所在なさと結びついた反動の試みは、危険な障害物であり、それは結局のところ衰退と同義です。よくあることですが、国家や組織化された精神の不在といった強権的政治体制と結びつくと、さらに厄介なことになります。

従って私たちが語る衰退と、私たちの世界の罪深さを教える坊主の嘆きや逆行への呼びかけとの間には、何の共通項もありません。ここで言う衰退とは過渡期を意味し、みずからの中に新たなる始まり、躍動する発展、統一された文化を内包しています。

人びとの間での新たな状況を希求する戦いである社会主義を、精神的な運動として捉えることは、私たちにとって緊急の課題です。つまり、精神に突き動かされた人びとが新たな関係性をみずからのために創造する時にのみ、人びととの間に新たな関係性が到来すると私たちは理解しているのです。同じように重要なのが、後戻りのきかない過去に気をとられたりそれを渇望したりしない、そんな強さを持たねばならないということです。手短に言えば、ごまかさないことです。

天国的な幻想、真実、哲学、宗教、世界観、もしくは世界に対する感受性を言葉やかたちであらわすための試みと人が呼ぼうとするものは、すべて私たち個人の中だけに存在します。共同体《ゲマインデ》、党派、教会、連合体など、こうした精神的な意見の一致に基づくすべての試みは、虚偽や反動に向かわないにしても、せいぜいのところ単なる雑談や子供だましになってしまうのです。感覚世界や自然世界を超越したあらゆる事柄に関して、私たちは完全に孤独となり、沈黙の孤立へと戻っていきます。それはつまり、私たちの世界観すべてが、圧倒的な必然性、倫理的な拘束、経済的・社会的絆を内包しているわけではないということに他なりません。それをありのままに、また個人主義の時代に生きているからして、多様なかたちで受け止めなくてはなりません。喜びでも諦めでも、疑いでも憧れでも、無関心でも傲慢でも、それをあるがままに受け止めるのです。

しかし、一つ一つの幻想、ドグマ、哲学あるいは宗教が、外の世界ではなく、私たちの内的な生にその根源を持っていることを思い出してみましょう。だからこそ、人間の本性と自己が調和するこれらすべての象徴《シンボル》は、美と正義を諸民族《フォルク》の共生にもたらすにふさわしいものなのです。というのも、それらは私たちの内面にある社会的衝動の写し絵であり、私たちの精神がかたちとなったものに他ならないからです。精神とは共同精神であり、覚醒しているにせよ微睡んでいるにせよ、全体、連合《ブント》、共同体《ゲマインデ》、正義への衝動を宿していない個人は存在しません。人間一人一人による自発的な連合体、共同社会《ゲマインシャフト》という目標への自然な衝動を根絶することはできないのです。しかしそうした精神は大きな打撃を被って、麻痺させられていま す。なぜなら、もう長いこと、それ自身に由来する世界妄想と結びついて、もはや滅びてしまっているか、もしくは腐りはじめているからなのです。

躍動する個性の共同精神と連合

従って私たちに求められているのは、きわめて人工的ではかなく脆弱であるばかりか、ロマンティックで偽善的な造形物、さもなくば今どきの流行の世界観を民衆のために構築することではありません。躍動する個性を基本とする共同精神という現実を、私たちは自分たちの中に持っているので、それをそこから形にしなければならないのです。小さな集団、正義の共同体《ゲマインデ》を創ろうという意欲が、また天国的な幻想や象徴的なかたちではなく、現実の社会での喜びと躍動する一人一人の内にある民衆であろうとする気持ちが、社会主義を、真の社会の始まりをもたらすでしょう。精神は直接的に働きあい、命を宿した血と肉から目に見えるかたちを造り上げるでしょう。永遠の表象は共同体《ゲマインデ》となり、具現化した精神は地上の正義のための機関となり、私たちの教会の聖像は理性的な経済の制度となります。

理性的な経済。理性という言葉は、ここではきわめて意図的に使われています。しかしそこに、もう一つ付け加えるべきことがあります。

本質的なものが脆弱となり、損なわれたため、私たちはこの私たちの時代を衰退期と呼んできました。本質的なものとは、共同精神、自発性、民衆《フォルク》の暮らしの美しきありようを指します。しかし、今日でもさまざまな進歩が維持されていることを見誤ってはなりません。科学、技術、即物的となってしまった自然に関する無邪気な征服と制圧の進歩は、別の言い方を借りて啓蒙とも呼ばれています。理性はより活発で明快になりました。そして、実際に使用されることでその価値を示した、もっとも広義の意味の物理学を私たちが自然から奪い取ったように、そして自然の諸力の徹底的な利用を計算に役立てることを学んだように、今後も私たちは、信じられないほど広くなったこの地球上での人間関係の技法の領域においても、計算、分業、学問的な方法を多彩に駆使して正しく理性的な行いをするための術を学んでいくのです。現在までのところ、工業技術と関係性の経済学は高度に発達して、不正、無分別、暴力のシステムに組み込まれています。経済・社会的技術と同じく物理・工業的技術は、今までは特権者、権力者、株式投機家を栄えさせてきましたが、これからは新たな文化と次代の民衆《フォルク》の助けとなってくれるでしょう。

従って、私たちが立っているとおぼしき衰退期の一つについてではなく、その気があれば進歩について語ることも可能です。そこではまず迷信が排除され、次に自然の観察と支配、技術と合理的な国民経済がますますはびこり、そして数世紀にわたって覆い隠されてきた共同精神、自発性、社会を求める衝動が再び台頭し、人びとを包み込んで一つにして、新たな贈り物を奪い返すまで続きます。

一人一人の精神が持つ同一の方向性が、まず自然からの衝動に押されて一つにまとまり、さまざまな連合《ブント》に結集すれば、理想、つまり個々の独立した事象を結合や統一へと転化させる包括的な視座が、再び個々人の精神から立ち現れ、人びとが集う連合《ブント》、団体、絆で結ばれ、かたちとなって浮かび上がり、そこでまずは精神が現実的な肉体を持ったものとして出現し、続いて精神的な圧倒と絆で結ばれた世界観、あるいは幻想が支配する数世紀が再び人間に訪れることも大いにありうるのです。私たちはこのような圧倒を求めてはいません。それに対しては警戒も怠りませんし、決して予断に左右されることもありません。また私たちは人類史の循環についてはあまりにも無知であるため、いくらかの蓋然性をもとに、この循環は再び閉じることもあるかもしれない、そして再び理想、連合《ブント》、宇宙的・宗教的な芸術の形態に迷信が結びつき、そして再び迷信によってあっという間に共同精神が打ち砕かれ、個人主義と孤立を作り出すようになり、それが延々と続いていくかもしれないと言うのがせいぜいです。私たちはこの様な構図を創り上げる権利をまったく持ち合わせていません。それは必然なのかもしれませんし、そうではないのかもしれません。それ以上のことは私たちにも分からないのです。そして今、私たちの役割ははっきりと私たちの前に姿を現しています。これは嘘ではありません。真実なのです。宗教に似た人為的な何かではなく、個人の精神的な自立と多様性を損なうことのない、社会的な創造という真実なのです。

　私たちが準備し、その礎を築こうとしている新しい社会は、何らかの古い構築物への回帰ではなく、新しき形をまとった古きものであり、過去一世紀の間に新たに胎動した文明の手法を備えたものとなります。

　しかしこの新しい民衆《フォルク》はおのずから出現するものではありません。マルクス主義者の偽科学が、これを出現しなければ「ならない」と信じているように出現しなければ「ならない」ものでは決してありません。そうではなくて、出現すべきなのです。私たち社会主義者がそれを望み、私たちが新しい民衆《フォルク》を精神的な原型のかたちで自分たちの中に抱え持っているからこそ、出現すべきものなのです。

　それでは、何をどう始めていったらいいのでしょうか。どのように社会主義は到来するのでしょうか。

何をすべきなのでしょうか。何から始めるべきか、今、まず何を始めるべきか。それに答えることが、私たちの究極の課題なのです。

7　共同体の再生

プルードンの言葉

私たちの時代の歴史の中でも記憶に残る瞬間。それは一八四八年のフランス二月革命の後、ピエール＝ジョセフ・プルードンが支持者の民衆に向けて、正義と自由の社会を創るために何をすべきかを説いた時のことです。同時代を生きたすべての革命的同志と同じように、彼もいまだに革命の伝統のただ中を生きていました。その革命は一七八九年に外に向かって爆発し、どのみち定着できなかった反革命と後続の体制によってごく初期の段階で潰されたのだと当時は考えられていたのです。彼はこう言いました。革命は封建制に終止符を打った。革命は、それに代わる新しい何かを導入しなければならない。封建制は国家の経済領域における秩序であり、隷属を組織化、軍事化したシステムである。すでに数世紀前から、自由がそこに風穴を開けてきた。市民的自由はますます浸透している。しかしそれはまた、古い秩序と安全、古い結合とさまざまな連合《ブント》を破壊しつつある。行動の自由によって一部の者は豊かになったが、大衆は貧困と不安定の中に放置された。自由を守り、広め、しかしそれに加えて安全、所有と生活条件の大幅な調整、万事に新たな秩序をもたらすために、私たちはどんな配慮をしたらよいのだろうか。

彼は言います。革命は軍事化、すなわち体制に終焉をもたらすべく運命づけられていることを、革命家はいまだに理解していない。政治の代わりに社会を据え、政治的な中央集権の代わりに経済的利害の直接的な結合を導入し、人間を支配するのではなく取引の規制を目的とする経済的な中枢を設立することが革命家の使命であることを、いまだ理解していないと。

彼は言います。諸君フランス人は、中小農民であり中小商工業者である。諸君は耕作、工業、輸送や通信に携わっている。今まで諸君は、一致団結したりお互いから身を守ったりするために、諸君の王や官吏を必要としてきた。一七八九年、諸君は国王を廃位とした。ところが経済の王である金《きん》は維持したままだ。こうして諸君が国内に不幸、無秩序、不安定を放置したために、王たち、官吏、軍隊を再び引き入れざるを得なかったのだ。権威的な仲介者を排除せよ。寄生者を排除せよ。諸君の利益の直接的な結合を目指せ。そうすれば、社会が、封建制に変わるものが、国家に変わるものが創造されるだろう。

金とは何か。資本とは何か。それは靴や机や家のような物ではない。それは物体ではないので、実体を持っていない。金とは、関係性をあらわす記号である。資本とは、人と人との間を行き来する関係性や、人と人との間に存在する何かをあらわすものである。資本とは信用である。信用とは利害の相互性である。諸君は今、革命のただ中にいる。革命、つまり熱狂、信頼の精神、高揚する平等の精神、目標に向かう意欲が諸君を包み、諸君の間に甦ったのだ。直接的な相互性をみずからのために築く時がやって来た。寄生と搾取を続ける中間的存在を排除して、諸君の労働の産物をお互いの間でやりとりする制度の確立を目指そう。そうすれば諸君は後ろ盾となる官庁を必要とせず、現代のペテン師たる共産主義者が言うように、政治の持つ絶対的な支配権力を経済活動に委譲する必要もない。そのための課題は、経済と公的生活の自由を主張し、いよいよもってそれを創り出していくこと。なおかつ、困窮と不安定の緩和のために平等を目指すこと。そして物の所有を廃止するのではなく、人間あるいは奴隷的地位にある者を支配するという意味での所有を廃止すること。そして暴利である利息を廃止すること。自分たちのために交換銀行を設立するのだ！

交換銀行とは何か。それは自由と平等のための外的な仕組み、具体的な制度のことに他ならない。常時有益な何かを作りだしている農民、職人、労働者であれば、そのまま仕事を続ければよい。あらかじめ労働を組織しておく必要はない。要するに役所が後見したり国営化したりする必要はないのだ。家具職人は家具を作り、靴屋は靴を作り、パン屋はパンを焼くなど、それ以外の生産現場でも、まずは民衆が必要とする物を作る。家具職人よ、パンがないのだな。でもパン屋に行って、パン屋にいりもしない椅子や机を差し出すわけにもいかない。そこで交換銀行に行って、君が受けた注文、つまり商業手形を一般に流通する交換券に交換してもらいたまえ。プロレタリアート諸君とて、もう企業家のところに出向いて行って、賃金を得るため働きたくはないだろう。そこで諸君は独立を志す。しかし諸君には、工房も道具も糧もない。これ以上待ってもいられないので、すぐにでも事業を始める必要があるとする。でも買い手がいなかったらどうなるだろう。他のプロレタリアートとプロレタリアートである諸君全員の間で、搾取的な中間業者の介入を排した上で、自分たちの作る生産物をお互いに買い取ったらどうだろうか。それでも受注が気になるとは、なんと愚かなことだろう。顧客がすべて、顧客は金《かね》なりとは、最近よく言われているところだ。そこには常に、困窮―隷属―労働―生産物―賃金―消費という連鎖が存在するはずだ。ならば諸君は、信用、信頼、相互性という自然発生的なものから始めてはどうだろう。するとその連鎖も、受注―信用あるいは金銭―消費―労働となるのではないだろうか。相互性は物事の流れを転換させる。相互性は自然の秩序を再び回復させる。相互性は金《きん》の王国を打倒する。相互性は初めの一歩である。働くことを希望するすべての人びととともにあって、需要を満足させ、労働を約束してくれる精神なのである。

彼はこう言います。罪人を捜すな、罪はすべての人にあるのだから。ある者は隷属を強い、他者から必要なものを奪い取り、もしくは必要最小限だけを残して放置している。あるいは進んで隷属し、隷属する主人に代理人もしくは監視人として仕えている。復讐、憤怒、破壊衝動の精神から新たなものは生まれない。建設の精神から破壊は生まれるのだ。革命と保守は相容れぬものではない。

古代ローマ人の模倣はやめよう。それを演じてしまったのがジャコバン派独裁だった。大劇場は裁判所とたいそうな身振り手振りでやりとりを演じても、諸君のために社会を創ってはくれない。肝心なのは実現させることだ。諸君は役に立つ物を十分に造っている。諸君は役に立つものを適正に配分した上で消費したいと思っている。そのためには適正に交換しなくてはならない。

また彼は言います。価値あるものはすべて労働によって創り出される。資本主義の優位は労働者が作ってきたものだが、労働者はそれを自分たちの手元に留めて、活用できてはいない。なぜならば労働者とは孤立した無所有の人びとで、所有者の所有を増やし、そうすることによって、奴隷を支配する権力と富を所有者に与えているからである。彼ならこう言うかもしれません。特権を手にした人びとの手に握られた富の蓄積をうつろに眺めながら、政治的あるいは暴力的方法でそれを奪取することだけを考えているなんて、なんと子供じみたことだろうと。富は常に流動的で流通している。今日それは、消費者としての労働者を経由して、資本家から資本家へと流れている。新しい制度、諸君の相互的な関係を転換させることを通じて、それを資本家から消費者である労働者に、しかも労働者から再び資本家に戻すことなく、労働者の手に、生産の主体である労働者へと流れ込むよう目指していこう。彼はそう言いました。

社会主義は行動さえすれば可能である

比類なき力強さ、冷静と熱情、激情と客観性を見事に一体化させて、プルードンは支持者である民衆にこう語りかけました。革命、解放、過渡期、包括的かつ根本的な方策が可能になったその瞬間、彼は手順と指示を一つ一つ提案していったのです。それは、新しい何かを創ったのかもしれません。政府としての最後の行動であったのかもしれません。そしてそれこそが、この政権が他でもない暫定政権と呼ばれた所以なのです。

語る声はありましたが、聴く耳が欠けていました。機会はありましたが、それはやり過ごされ、今や永遠に過去のものになってしまったのです。

社会主義とはいかなる時代でも可能だし、いかなる時代でも不可能だという、現代の私たち社会主義者が再発見したことを、プルードンは理解していました。然るべき人びとが社会主義を望みさえすれば、つまり行動しさえすれば、社会主義は可能です。人びとがそれを望まない場合、また望んだとしても行動しようとしない場合は、不可能なのです。そんな人の話には、誰も耳を傾けません。その代わりに他の誰か、私たちが検証し拒絶した科学を学んできた誰かの話に、人びとは耳を傾けるようになるのです。そうした科学によると、社会主義とは資本主義的な巨大企業の究極のかたちであり、ほんの少数の資本家によって、すでにほぼ社会主義的ともいえる制度が私的に所有され、そしてはじめて実現するもので、団結するプロレタリアート大衆にしてみれば、それを私有財産から社会的所有へと移行させたほうが余程手っ取り早いということになります。

分析の人マルクスとの対比

統合命題《ジンテーゼ》の人であるピエール＝ジョセフ・プルードンではなく、分析の人であるカール・マルクスに耳を傾けたことで、解消、破壊、没落がさらに継続することになりました。

分析の人マルクスは、揺るぎなく、硬直した、厳密な言葉の意味にとらわれた概念を磨き上げました。これらの概念とともに彼は発展の法則を表明し、それを命じたにも等しいのです。統合命題《ジンテーゼ》の人プルードンは、閉鎖的な概念をあらわす言葉は止まるところを知らない運動にとって象徴的な意味しか持たないということを、私たちに教えてくれました。彼は滔々と流れる連続性の中に、概念を解消したのです。

一見すると厳格な科学の人であるマルクスは、発展の立法者であり独裁者です。彼がそれを己の言葉で語ると、彼が決めたとおりに絶対に事が運ばねばなりません。出来事は、終了し、完結し、死した存在のように振る舞わなければならなかったのです。これが、マルクス主義が、教理かつドグマにも等しきものとして存在している理由です。

何ごとにつけ物に名前を付して解決することは望まず、完結した物事の代わりに運動と関係を、見かけ倒しの存在の代わりに生成を、荒削りな可視性の代わりに目に見えない揺らぎを据えたプルードンは、そのもっとも完成された著作の中で、ついに社会経済を心理学に変えました。しかしその際彼は、個々人の中から個別の物事を抽出する硬直した個人の心理学を、無限で、分かちがたく、言葉では表しがたい生成の流れの一部分として人間を把握しようとする社会心理学へと変えていったのです。ですから、プルードン主義なるものは存在しません。プルードンが存在するのみです。そのため、プルードンがある特定の時期の真実として語ったものは、すでにその出来事から何十年も経過した今となっては、もはや通用しません。通用するのは、プルードンの理念の中でも永遠性を持つものだけです。プルードンに、そして過去の歴史的な瞬間に立ち戻るなどという主体性なき努力などはすべきでありません。

プルードンの社会主義は小市民的・小農民的社会主義である、というマルクス主義者のプルードン批判は、ここでもまた繰り返しますが、まったくもって真実であるし、プルードンにとってその批判は最高の栄誉でもあります。別の言い方をすると、一八四八年から一八五一年にかけての彼の社会主義は、一八四八年から一八五一年にかけてのフランス民衆の社会主義なのです。まさしく、その時代に可能かつ必要とされていた社会主義なのです。プルードンはユートピア主義者でも占い師でもありません。フーリエでもマルクスでもないのです。彼は行動と実現の人でした。

しかしここでは、一八四八年から一八五一年を生きたプルードンという人間に特化してお話ししています。彼は語りかけ、時代は彼がこう語らざるをえないような傾向を呈していました。「革命家諸君、諸君が行動すれば、偉大なる変革が成し遂げられるだろう」と。

進歩への信頼は後退である

一八四八年についてはもちろんのこと、私たちが多くを学ばねばならなかったその人は、革命後になっても革命的な言葉を、空虚に、滑稽に、まるで蓄音機さながらの自己模倣よろしく弄ぶのをよしとしませんでした。誰もがそれぞれの時代を生きているのです。そして革命後のどの時代も、どんな人生も、過去の偉大なる瞬間にとどまることはありません。従って、すべての人にとってそれは革命前の時代でもあるのです。プルードンは、いくつもの傷口から血を流しながらも生き続けました。あるとき彼は自問自答します。「いつ行動するかは教えてあったはずだ。なのに、なぜ彼らはそうしなかったのだろう」と。彼は答えを見つけ、それを後期の著作に書き記しています。私たちなりの言葉でその答えをまとめると、精神が欠落していたから、ということになります。

当時も、その後も六十年間の長きにわたって精神は不在のまま、ますます深く沈み込み、埋没していきました。ここまでお話してきたすべてを一文でまとめると、こうなります。歴史の中であらかじめ決められているとおぼしき好機を待ち望むことは、目的をますます遠ざけ、漠とした闇の中へとますます後退させてしまうと。進歩発展への信頼はまさに後退と同義であり、ここでいう「発展」が、外的・内的条件をより一層屈辱へと近づけ、変革から一層遠ざけたのでした。人びとがマルクス主義者を信じている限り、「まだその時ではない」という、お得意の台詞を口にするマルクス主義者が正しいということになるのです。そして彼らの数が減少することはないため、ますます彼らが正しいということになります。一つのスローガンが口にされ、もっともらしく受け取られたがために、それがもっともらしく思われて効力を発揮してしまうとしたら、それこそかつて存在し、効力を発揮したものの中でも、最悪の幻想と化してしまうのではないでしょうか。そして試み、生成が人びとの心を勝ち取ったからといって、それらをまるで完結した存在であるかのように表現してしまったとしたら、それこそ造形と創造の威力が阻害されかねないことに、人びとは気づくべきではないでしょうか。

これが、私たちが根気強くマルクス主義を攻撃する理由です。手加減なしに、心から憎む理由なのです。マルクス主義は説明、科学を詐称していますが説明でも科学でもなく、無力、意欲喪失、降伏、無関心を否定的、破壊的、意欲喪失的にアピールしているに過ぎません。社会民主主義の行っているまるでミツバチのように勤勉な小さな仕事は、どのみちそれはマルクス主義ではないにしても、その無力の裏返しであり、社会主義とは何の関係もないことを示しているのです。なぜなら社会主義は、事の大小にかかわらず、全体を志向しているからです。こうした小さな仕事そのものは、非難されるべきではありません。まるで嵐に巻き上げられる一枚の木の葉さながらに、既存のナンセンスのまわりを彷徨っているかのような、そのあり方が問題なのです。

修正主義者たち　小さな仕事にしごく熱心でかつそれに適性があり、そのマルクス主義批判において私たちと意見を同じくするいわゆる修正主義者が、アナキズム、オイゲン・デューリング▼、その他独立社会主義者にきわめて多くを負っているのも不思議ではありません。彼ら修正主義者は基本戦術と呼ばれるものに熱心なあまり、マルクス主義者といっしょになって社会主義をほとんど痕跡なきまでに排除するに至っています。彼らは、議会主義的、経済的手段を通じて、資本主義社会における労働者階級の発展を目指す政党を設立しようとしているところです。マルクス主義者がヘーゲル流の発展の信奉者なら、修正主義者はダーウィン流の進化の信奉者です。彼らはもはや破局や突発的な出来事を信じません。資本主義は社会主義へと革命的に転換していくとは考えず、むしろますます許容可能なものになっていくと考えています。

すでに彼らの一部は、自分たちは社会主義者ではないと認めているほどで、議会制、政党や党派に特徴的な狡猾さ、選挙人獲得、そして君主制にまで適応しようとしているのです。それでも自分たちのことを、まったくの社会主義者だと考えている人びともいます。そうした人びとは、いわゆる産業的立憲主義によって労働者の個人的環境、生産における労働者の取り分が、そしてすべての国で民主的な制度を拡充することによって公的な状況が、着実にゆっくりと、しかし止まることなく改善すると信じ、彼らの目にも明らかにして、一部は彼らの働きかけに起因しているマルクス主義の教理の崩壊から、資本主義はもはや社会主義への最良の道であり、熱心にこの発展を要求していくことが社会主義者の任務であるという結論を引き出しているのです。こうした見解を持つ点で、彼らはマルクス主義の当初からの主張とそう遠くないところにいます。そしていわゆる急進派は相変わらず同じ道を往き、しかし革命主義に煽られ団結した選挙人有権者大衆には、この見解を隠しておくことだけを望んでいます。

マルクス主義者と修正主義者との本当の関係は以下の通りです。つまりマルクスとその高弟たちは、私たちを取り巻く状況全般を彼らのいう歴史の文脈の中で常に把握し、私たちの社会生活の個別事象を一般概念の下位に位置づけようと試みています。それに対して修正主義者は、懐疑的ながらもその亜流《エピゴーネン》なのです。既存の一般化が新たに生まれつつある現実と一致しないことは理解しているのに、私たちの時代についての新しく本質的に異なる全体認識の必要性を、いまだにまったく理解していないのです。

マルクス主義は、少なくとも困窮の自覚、不満、全面的な変革を志向する理想主義的な気分へと、一時的にではありますが、排除された者たちの大部分を導きました。ただ、科学という愚の影響を受けた大衆は待機戦術に切り替え、社会主義的行動をまったく行わなくなってしまったため、それも長くは続かなかったのです。もし大衆が政治的・デマゴーグ的手法で絶えず挑発されなかったとしたら、大衆は長い時間をかけながら少しずつ停滞と安息へと引き戻されたことでしょう。そして今、初期資本主義のもっとも野蛮な部分は排除され、労働者はますますプロレタリアート的状況に順応し、資本主義は決して崩壊に近づいてなどいないと修正主義者は考えているのです。確かに私たちもおおまかなところでは、資本主義の継続という大きな危険をひしひしと感じとっています。実際、全体的に見れば労働者階級の環境は改善されていません。生活は辛く苦しくなるばかりです。あまりに苦しいので労働者には喜びも希望もなく、精神も品性も剥落していきます。しかし、正しい闘争としての社会主義の闘争についていえば、それは共感の情だけから生じるものでもないし、あるいは特定の階層の人びとに限定され、あるいは主にその層の人びとだけの運命を扱っているものでもありません。社会の基礎の全面的な改変を課題としているのです。それは新たなる創造を意味します。

我らが労働者から、こうした気分（彼らには気分以外の何ものも存在していないので）はますます失われていきました。マルクス主義においては、はじめから崩壊や無力感といった要素のほうが怒りの力よりも強く、あらゆる積極性に欠けているからだというのがその理由です。修正主義とその楽しげな懐疑的態度の出現は、大衆行動の欠如、優柔不断、慎ましさの上に乗った単なる「イデオロギー的な上部構造」に過ぎず、労働者勢力とは歴史的必然性を根拠に神や発展によって選ばれた民ではなく、もっとも苦しんでいる人びとの一部であり、貧困それ自体に起因する魂の変化の帰結として、その事実を認識することすらきわめて困難な民衆の一部であるということを、それを知らなかったすべての人びとに教えてくれます。特にこの点に関しては、一般化を排除すべきでしょう。労働者階級といっても実にさまざまで、苦しみはきわめて多様な人びとに、きわめて多様な作用を及ぼし続けてきました。それでも苦しみの多くを占めるのは、みずからの状況についての感情です。そしてなんと多くのプロレタリアートが、少なからずこの点に苦悩していることでしょう。

一八四八年の革命が頓挫した後、私たちが今まで推し進めてきた革命の前夜にあたるこの六十年の時をかけて、いかにしてこうした関係性が現実に構築されてきたのかを、私たちは理解してきました。それは数十年にわたる資本主義への適応であり、プロレタリアート化への適応であり、実際そうした適応はいくつかの点ではすでに世代を超えて踏襲されているのです。それは人びとの間の関係性の悪化に他ならず、その関係性の悪化は、多くの個々人の肉体の衰えとして顕著になっています。

魂の不在

今、私がお話ししている危機はきわめて深刻です。私たちはこう言いました。社会主義とは、マルクス主義者が信じているように、向こうからやって来るものではない。そして今、こうも申し上げておきましょう。もし諸民衆《フォルク》が躊躇し続けた場合、もはやこれらの民衆《フォルク》に社会主義が訪れることはないと言わねばならない時が来ると。人間はいまだにこんなにも愚かで、お互いこんなにも卑しく振る舞い、いまだにみずからを隷属状態に置き、あるいは自分自身の野蛮に囚われているのです。これらすべての状況が人びとの間に行きわたり、いくらかは機能していたとしても、次の世代、あるいは今を生きる人びとが大きなショックを受けた場合、それらは変わらないとも限りません。社会的あるいは心理学的と呼びならわされているこうした関係性に関する限り、状況はまだそれほどひどくなってはいません。大衆の困窮、貧困、飢え、流民化、魂の荒廃、堕落に関しても、それは同じです。そして上層における享楽、馬鹿げた贅沢、戦争賛美、精神性の欠如についても、同じことが言えます。いずれも状況は良くありませんが、腕の良い医者がいれば治療は可能です。創造する精神から大革命と再生が生まれます。しかしながら、あらゆる困窮、重圧、非精神が、その起源と作用において、人びとにとって魂の中に存在する関係性の阻害要因以上のものになっていたとするならば、あるいはより適切な言い方をすると、私たちが魂と呼んでいる人びとの関係性全体に関する阻害要因以上のものになってしまったとするならば、慢性的な栄養失調、アルコール依存、長引く荒廃、継続的な不満、より強力で、あらゆる領域においてより効果的に作用するようになった精神の不在も相まって、それらは個々人の身体に変化をきたすまでになります。これは魂と社会構造に関しても当てはまり、言ってみれば自分の巣にかかってしまった蜘蛛のようなものなのです。そうなるとこれらを治療することももはや役に立たず、民衆《フォルク》の大部分、民族《フォルク》全体が没落へと運命づけられます。民族《フォルク》が没落する時のいつもの道を辿って、没落していくのです。他の健全な民族《フォルク》がその主人となり、諸民族《フォルク》との混交へと、時としてむしろ部分的な絶滅へと進んでいきます。これにしたところで、より健全な民族《フォルク》がいまだに存在する場合に限られます。しかし諸民族《フォルク》の今に至るまでの歴史の中の時代との比較を、軽々しく弄んではなりません。もしその時が到来したとしても、民族の大移動と呼ばれる時代と同じように再び事は運ばないのです。私たちは人間性が始まりつつある時代を生きていること、そして始まりつつあるこの人間性が、人間性の終わりの始まりだということも、あり得ない、まったくあり得ないことではないのです。世界の衰退と呼べるような時代の中でも、恐らく私たちの時代ほど目に見えて危機的な時代は存在しなかったはずです。

人間性をめぐって

真の関係性の複合体、つまり外的な絆帯と内的な引力と欲求によって互いに結びついた、民族《フォルク》の境界を越える地球社会という意味ならば、確かにいまだに人間性は存在していません。それに取って代わるものは存在しており、今のところ、それがきっかけを提供する以上の代用品となってくれるかもしれません。世界市場、国家政治における国際的な条約、国際的な連合、さまざまな種類の会議、交通、通信などがそれに相当し、ぐるりと地球を取り巻いているこれらすべてが、利害、習慣、芸術あるいはその今風の代替手段、言語精神、技術、政治形態の同一性とは言えないまでも、類似性をますます強めています。労働者も、ある民族《フォルク》から別の民族《フォルク》に貸し出されることがますます多くなるでしょう。宗教、芸術、言語、中でも共同精神など、現在精神的な現実となっているすべてのものが、ここでは二重に存在し、もしくは自然からの強制によって私たちの目には二重に映っています。まずは個人の魂の中で資質と能力として、次にもう一度その外側で人びとをつなぎ、さまざまな組織と連合《ブント》を創るものとして存在しています。そのどれをとっても正確に表現されることはありません。途中で訂正できることであればすぐにでも訂正すべきですが、いまだに私たちは、この言語論とイデア論（ふたつは関連しあっています）の底知れぬ深みの、底の底にまで到達できていないのです。現在これらすべては、humaitas《ウマニタス》、humanité《ユマニテ》、humanity《ヒューマニティ》、Humanität《フマニテート》、人間性《メンシュハイト》（Menschheit［訳註「人類共通の性質」というような意味］）などの言葉で再び暗示されているだけです。私たちはこれに、偽りの憐憫を装った脆弱で深みのない人間性《メンシュリッヒカイト》（Menschlichkeit［訳註「人間らしさ」というような意味］）という表現を当てます。本来これらの表現は個人の中だけで活性化、作用する人間性《メンシュハイト》を指すものでした。これが強い存在感を持つものとして実際に感じられたのは、特にキリスト教最盛期のことです。そして私たちが外的な意味での真の人間性《メンシュハイト》［訳註「人間としての存在の本質」というような意味］に到達するのは、相互作用、いや、より正確にいえばアイデンティティが——一見相互作用に見えるすべては、共同社会のことに他ならないので——、個人の内部に集中している人間性《メンシュハイト》と、各人の間に育まれた人間性《メンシュハイト》のもとに訪れた時だけなのです。植物が綿々と伝えてきた連鎖の結晶が種子であるように、種子には植物が宿っています。人間性《メンシュハイト》は個々人の本来的人間性《メンシュトゥム》から、その本当の存在を感じとります。まるでこうした人間存在《メンシュトゥム》の核心が、過去から綿々と続く種と、そのあらゆる相互的な関係性の後継者であるかのように。すでに生成されているからこそ、生成するのです。ミクロコスモスとはマクロコスモスなのです。一人一人が民衆《フォルク》であり、精神とは共同社会《ゲマインシャフト》であり、理想とは連合《ブント》のことなのです。

共同体の再構築

私たちが知っている数千年の歴史の中ではじめて、名実ともに人間性《メンシュハイト》が顕在化されることでしょう。大地はくまなく探索され、間もなく隅々まで人間が居住するようになり、人間に占有されます。そして今重要なのは、私たちが知っている人間の世界で一度も経験されたことのない刷新です。この新しきものこそが、私たちの時代の決定的な特徴であり、それは私たちを圧倒するようなものになるに違いありません。この地球をぐるりと取り囲む人間性《メンシュハイト》は、自己を実現したいと考えています。もし人間性《メンシュハイト》の始まりがその終わりでなかったとしたら、人間性《メンシュトゥム》が強力に刷新されるべきまさにその瞬間に、自己を実現したいと考えるはずです。かつてこの様な刷新は、しばしば無気力と文化の混淆から出現した新しい民族《フォルク》、または移住した先の新しい土地と同義でした。民族同士の類似が進み、土地と土地との間の空間が狭くなるに従って、こうした外部からの、または外部への刷新が起こる希望は小さくなっていきます。私たちが属する民族《フォルク》をすでに懐疑的に見ようとする人びとであれば、もしくは少なくとも心性や生きる力の根本的な刷新への外的な衝撃は、幸福な眠りから目覚めた伝統ある諸民族《フォルク》によって外部からもたらされるだろうと信じている人びとであれば、いまだに中国、インド、そして多少はまだロシア民族にいくらかの希望を懐くこともできるでしょう。また、こう期待する人もいます。荒ぶる北米の未開人には、隠れた理想主義と精神の力の横溢がいまだにまどろんでいて、それが突然爆発するかもしれないと。しかし私たちのように四、五十代の人間は、このロマンティックな期待がとんでもない事態に終わり、中国人が日本人のような猿まねの道を選び、インド人は没落への道を突き進むといったことを、今後体験することになるだろうと考えられます。模倣、文明、それらと結びついた真の意味での身体的、生理的退廃は、瞬く間に広まっていくのです。

以上を踏まえた上で、私たちが必要としている勇気と切なる窮状を汲み上げるために、飛び込んでいかなくてはなりません。今回の刷新は、今まで私たちが知っているどの時代よりも大規模で異質なものになるはずです。私たちは共同生活における文化や人間の美だけを探し求めているのではありません。癒やしを、救済を求めているのです。かつて地上に存在した中でも最大級の何かが外的に顕在化される必要があり、それはもう特権を与えられた諸層では端緒についています。それが大地に根ざした人間性（Erdemenschheit）です。しかしそれは、外的な絆、協定、国家の組織、恐怖の発明である世界国家などによって実現するわけではなく、一人一人の個人主義と最小規模の団体、何よりも共同体《ゲマインデ》の再構築の道においてのみ実現します。包括的な何かを建設する必要があり、最初は小さなことから始めねばなりません。全方向に目を配らねばなりませんが、そのためには、非常に深くまで掘り下げる必要があります。なぜならば、今回、救済は外側からはやって来ません。ひしめき合う人びとが移住できるような、占領されていない土地はもうありません。人間性《メンシュハイト》を私たちは築き上げなければなりません。それは内面の人間性の中にのみ見いだされ、個人による自発的な連合《ブント》、かねてから自立し自然と相互に結びついた個々人による共同体《ゲマインデ》からのみ、人間性《メンシュハイト》は成立可能なのです。

今、ようやく私たちは自由に呼吸し、私たちは社会主義者なのだというみずからの現存在の一部として、私たちの使命の持つ避けがたい困難を受け入れられるのです。そこで私たちは、我々の理想とは私たちを一つにつなぐ見解ではなく、選択を迫られている強大な束縛であると確信し、それをありのままに受け止めるのです。人間性《メンシュハイト》の本当の没落をあらかじめ体験した上で、その終わりの始まりに自分が飲み込まれるのを眺めているだけなのか、あるいは上昇のはじまりを、自分たち自身の行動によって築いていくのかを選択するのです。

私たちの内にあるもの

ここで起こりうる現実の危機として私たちに迫っている世界の没落とは、もちろん突発的な死滅を意味するものではありません。後に上昇期が続くいくつかの衰退期を知っているからこそ、私たちは、そこに類似性やある種の厳格な法則を見つけようとする傾向に、注意を促しているだけなのです。思い描いてみましょう。この資本主義文明の時代にあって、諸民族《フォルク》と諸階級がいかに急速に同質化しているかを。例えば鈍感、従順、粗野で表面的になり、そしてアルコール漬けになっているプロレタリアートの割合がいかに増えているかを。宗教に関するなら、いかに各人がある種の内面性と責任感を失い始めているのかを。これらすべてが具体的にどのように始まったのかを。いかにして上層階級が政治力を失い、包括的な視点、決定的な行動への力を失ったのかを。いかにして芸術が、流行りのがらくた、考古学的、歴史的模倣に取って代わられたのかを。古い宗教や道徳をめぐるあらゆる人格的な支え、尊厳、安定性が、いかにして広範な層から失われていったのかを。いかにして、表面的な官能と色鮮やかで装飾的な享楽の欲求の渦の中へと、あらゆる女性が引きずり込まれたのかを。いかにして、あらゆる階層で人口増の自然な抑制が始まり、科学と技術に導かれて、子どもを伴わない性がそこに入り込んだのかを。現行の諸条件のもと、判で押したように喜びのない労働に従事することがもはや耐えられなくなったプロレタリアートと市民の間に、放浪者であるほうがましだという考え方が、いかにして成立するようになったのかを。これらすべてが、社会の全階層で神経衰弱やヒステリー状態にまでなっているところを見ると、健全化と新たな制度の設立のために立ち上がろうとする民族《フォルク》など、一体どこにいるのだろうという疑問が浮かんできます。一度は衰退してしまった洗練された文明と溌剌とした血から新しい始まりが到来したように、私たちが再び立ち上がるという明らかな兆候があるというのは本当に確かなのでしょうか。人間性《メンシュハイト》とは、後に民族《フォルク》の終焉と呼ばれるようになる何かを表すための、暫定的で不十分な言葉ではないというのは確かなことなのでしょうか。堕落して抑制するものもなく根無し草になった女たちと、彼女らとの乱婚を布告する男たちの声はすでに高まり、家族の代わりに多様な気晴らしを、自由意志によるつながりの代わりに節度の欠如を、父権の代わりに国家による母性の保証を求めているのです。

精神は自由を求め、自由を内に秘めています。家族、協同組合、職能集団、地域社会、国民などを精神がまとめ上げているところには自由があり、そこには人間性《メンシュハイト》も存在します。しかしながら、私たちは本当にはっきりと分かっているのでしょうか。現在精神の欠如に取って代わっている強制と支配の制度の内部で精神の地位に就いているもの、つまり精神なき自由、官能的な自由、責任感なき欲望の自由が荒れ狂い始めたことに、私たちは耐えられるのかどうかということを。こうしたすべてのことから、生気のない苦悩と不毛、衰えた弱々しさ、色あせた無気力が結果として生まれるのではないかということを。燃え上がる感情、再生、文化的な地域社会の連合《ブント》が最盛期へと至る瞬間が、再び私たち人類に訪れるのかどうかということを。民衆《フォルク》とともに歌があり、統一と天国への飛躍が塔によって支えられ、民衆《フォルク》の精神を体現する塔となる人びとによって、民衆《フォルク》の偉大さを代表する偉大な業績が打ち立てられる時代が果たしてやって来るのかどうかということを。

試みこそが私たちの使命だということを私たちは理解せず、理解していないだけに理解しているのだともいえます。未来を扱うあらゆる自称科学は、今や完全に排除されました。私たちは発展の法則を知らないだけではありません。すでに時機を逸しているため、あらゆる行動も試みも恐らく何の役にも立たないかもしれないという重大な危険にも、気づいているのです。そして私たちは、自分たちから知識という最後の足かせを取り除きました。つまり、私たちはもはや何も理解していないということです。私たちはまるで未開人のように、言葉で表されていない、また表しえない何かの前に立っています。私たちの前には何もなく、それはすべて私たちの内にあるのです。未来ではなく過去のものとしての現実または有効性は私たちの内にあり、つまり、過去に存在していた本質的な人間性《メンシュハイト》は、私たちの内に存在することになります。偉業は私たちの内にあるのです。自分たちを自分たちの道へと送り込む明らかな義務は、私たちの内にあるのです。完成すべきイメージは、私たちの内にあります。悲惨さと卑劣さから抜け出そうとする必要性は、私たちの内にあるのです。疑問の余地のない不動の正義は、私たちの内にあるのです。相互性を志向する良識は、私たちの内にあるのです。全員の利害を認識する理性は、私たちの内にあるのです。

ここでお話しした思いと似た思いを持つ人びと、大きな困難から大きな勇気を引き出す人びと、あらゆることに関して刷新を求める人びと。今、そのような人びとを結集すべき時です。ここに呼び寄せるべきなのです。そして、民衆《フォルク》に向かって何をすべきかを語り、どのように始めるべきかを民衆《フォルク》に教えるのは彼らなのです。

8　共同精神・民衆・連合

一八四八年にプルードンが見てきた当時とは、時代は変わっています。あらゆる意味で財産没収が増加しているのです。私たちは今日、六十年前よりも社会主義から遠ざかってしまいました。

プルードンの時代との違い

六十年前の革命、つまりすべてを再編成しようという気運が高まったあの時なら、プルードンは支持者である全民衆《フォルク》に向けて、今この瞬間に何をすべきかを訴えかけることもできました。

今日、たとえ民衆《フォルク》が立ち上がる見込みがあったとして、あの当時広く民衆《フォルク》に認知されていた論点だけでは、もはや決定的とはなりえません。また今日では、全き民衆《フォルク》は二つの意味で存在しません。まず一つには、プロレタリアートと呼ばれる者だけで一つの民衆《フォルク》を形成するなどありえないという意味です。またもう一つには、相互間の生産および商取引における相互的な依存性がきわめて高くなっているため、もはや単一の民族《フォルク》が一つの民衆《フォルク》を形成することはありません。しかし人類が一つにまとまっているかといえば、いまだそこからはほど遠く、新しい小規模なまとまり、共同体《ゲマインデ》、民衆《フォルク》が再びかたちにならない限り、まとまることなど決してないでしょう。

プルードンが生きたのは、やはり精神生活、霊的生活、共同体的生活、あらゆる革命を生み出した個々人の独創性ならびに決意が高揚した時代でした。貨幣・株式資本主義が進展していたとはいえ、それはいまだに資本主義的な大規模産業、大土地所有が存在していなかった頃のフランスという、特殊な状況の中でした。貨幣を流通させ、また利子によって富むのをやめさせることがすべてを再構築するための要点であると見なし、それこそがもっとも迅速、徹底的で、痛みを伴わずに導入可能であると考えた点で、プルードンはまったくもって正しかったのです。

実際私たちの状況は、正義なき蓄財、搾取、人びとの人びとによる他人のための労働という三点の上に成り立っています。力学、化学、天体の運動だけでなく、社会的プロセスの運動に関しても、この永続的な生成と影響力を行使し続けている誘因が重要なのです。過去のある時点または初期の段階に一度だけしか起こらないことの原因を求めるのは、常に誤りであり不毛です。一度きりしか起こらない出来事はありません。すべては絶え間なく起こり続けているのです。大もとの原因があるのではなく、常に動き続けている何か、常に関連しあう何かが存在しているのです。

次に、経済的隷属の三つの要点をお話ししましょう。

土地所有と貨幣

一つ目の要点は土地の所有です。持たざる人、つまり土地で働くことと、土地の生産物を直接的・間接的に使用する可能性を自分から奪っている人間と向き合って生きようとする人の、物欲しげで従属的な態度は、これに由来します。土地の所有とその対極に位置する土地を持たざることから、隷属、盲従、貢納、賃借、利子、そしてプロレタリアートが生まれるのです。

二つ目の要点は、交換経済における流通が、いかなる需要に対しても有効期限のない、普遍の価値を持つ交換手段を介して行われている点です。確かに金の装身具は数百年のあいだ形を変えませんが、それが価値を持つのは、装飾品として、また虚栄心を満たす対象としての金の価値をきわめて高く評価した結果、それを所持するために自分の労働の成果をつぎ込む人にとってのみです。ほとんどの商品は、放置あるいは使用することで実質的にも減価し、速やかに消費されてしまいます。それらは、やはり交換目的で作られた交換対象となる生活必需品と交換するために生産されているのです。交換はできてもそれ自体何かに使われる物ではない点で、貨幣は実に不幸な例外となっています。貨幣経済論者による正反対の主張は、やましさのあらわれです。それゆえ、ある生産物が等価の生産物とのみ交換されるべき純粋交換経済においては、私たちが使っている貨幣に相当するような、また実際に貨幣と呼んで然るべき流通手段がやはり必要となったとしても、私たちの貨幣を貨幣たらしめている決定的な固有性は持てないのです。その固有性とは、絶対的価値を持っていること、そして労働によらずに貨幣を入手する人のために、他人を犠牲にすることに力を貸すことを指します。そこでは盗みの可能性も排除できません。どんな貨幣にでも、その他すべての商品同様に盗みは存在します。その上盗みとはある種の労働でもあり、加えて相当に骨が折れる割には全体として実り少なく、健全な社会では好ましいものではありません。ここでむしろ喚起すべきは、今日さまざまな貨幣がもたらす弊害は、利子を生む、すなわち増えることだけでなく、消費できないこと、要するに停滞すること、減らないこと、消費によって消滅しないことなのです。労働の目印としてのただの伝票、つまりもはや商品ではなくなることでお金が無害化されているという考え方は、まったくの間違いです。この考え方が意味をなすのは国家奴隷制度のような場合に限られ、そこでは各人の労働量と消費量に関して決定権を持つ当局への依存が、自由な流通に取って代わっています。逆に自由な交換経済において、貨幣は、現在本質的に貨幣とは区別されているその他のあらゆる物と同等であるのみならず、一般的な交換手段でなくてはなりません。あらゆる物と同じように、交換、消費されるという二重性を備えなければならないのです。交換手段が消費されず、時間と共にその価値も失われないのであれば、それがたとえ正しい交換を行う社会であったとしても、有害な大規模所有とそれに伴う何らかの二次的な権利の獲得に至る可能性をむげには否定できなくなります。大土地所有の成立および、それに関連するあらゆる種類の搾取について書かれた既知の歴史の中で、蓄財、財産相続、それに類するものが、たとえ暴力と国家による暴力的介入に比べて下位の役割しか果たしてなかったとしてもです。そこで、現在の通貨のように時間と共に増価することなく、逆に最初から漸次減価していく貨幣を手に入れようというシルヴィオ・ゲゼル▼の提案が、大きな意味を持ってきます。そうであれば、ある生産物のおかげで交換手段を入手した者にとっては、できるだけすみやかにそれを生産物と交換する以上に切実な利害はなくなるはずです。シルヴィオ・ゲゼルはプルードンに学び、その偉大さを認識し、プルードンに倣って独自の思想を展開するようになった実に数少ない人物の一人です。この新しい貨幣の生き生きとした動きがいかにして流通に流れをもたらすのか、消費を別として、各人がいかにして生産と交換手段の獲得だけに関心を持つようになるかという彼の説明は、全面的にプルードンの精神に由来しています。そしてよどみのない貨幣流通が私的・公的生活に明るさと快活さをもたらす一方で、市場の停滞と通貨流通の渋滞は私たちの活力をも停滞させ、私たちの魂に頑迷さと活気なき腐敗を招くことを私たちに初めて教えてくれた人。それがプルードンなのです。しかしここで差し当たりもっとも重要な問題なのは、略奪の危険性を内包しない交換の手段を見つけるための事実上の方策は存在するのかという未来の問題、つまりその設問自体がそもそも可能なのかという問題ではなく、流通というものが、その他二つの両要点を本格的に考察するに際して有効な要点であるのか、またそうなり得るのかという問題です。いずれにしてもそこから言えるのは、一八四八年のフランスのような特定の歴史の一時期に、もし交換経済に相互主義を導入していたとしたら、大土地所有制と剰余価値にも終止符が打たれていたに違いないということです。

剰余価値

そこで、経済的な隷属に関する三番目の要点、剰余価値の問題となります。ここでまず申し上げておかねばならないのは、価値概念という言葉をもって何を表現したいのか、その定義の中で厳密に何が重視されるのかを明らかにしておかない限り、価値概念についての大混乱が生じかねないということです。価値はその意味の中に需要を内包しています。購買するかどうかの答えは値付け次第と考えれば、この意味も理解できます。この品物にこれほどの価値はないと思うこともあるでしょう。従って、価値はまず恣意性を排除しようとします。正しい価値、本当の価値という意味で価値という言葉を用いることによって、私たちは概念の幅をさらに狭めていきます。価値とは適正な価格のことであるべきですが、実際はそうなっていません。この手の関連性は、あらゆる物の価格関連性の中に見いだされます。そしてこの価値という言葉には、言葉の使い方に注意を払う人ならば誰もが気づくことですが、価格は価値と等価であるべきであるという、別の言い方をするならば、労働賃金本来の総額は物の最終段階における価格の総額と等しくあるべきだという、理想的、社会的要求が含まれています。しかし個人としての金銭的利益を巡ってお互い対立する人びとは、単に所有することの優位性に止まらず、人気からくる希少性、何らかの理由で需要が高まっていること、消費する者の無知などに由来する希少性といった、あらゆる優位性を利用し尽くそうとするため、つけられた価格の総額は賃金の総額を実際はるかに上回ってしまうのです。それどころか特定の領域の労働者たちも、一定の条件のもとにこうした特殊な優位性の一部をより高額の「給与」というかたちで享受していますが、これは同じように苦労して働いている労働者仲間の給与に比較した場合、給与であるばかりか利潤でもあります。しかしだからといって、また多様な形態を持つ経済生活のどんな個別要素にしたところで、労働はその報酬をもってしても労働が作り出すすべてを買えず、利潤に購買力を与えるためかなりの割合が残されているという事実を変えることはできません。先ほども簡単に触れたように、すでに商品として流通している物の生産の中間的段階は考慮に入れていません。というのも、より詳細に検討していくと、これらの商品は資本家である生産の主体が別の生産の主体から賃金や利潤という形で買い取るものではなく、資本、これについては以後詳細に検討していきますが、つまり信用や相互主義の代わりに巣くっている資本と呼ばれるものによって買い取られているという理解が成り立つからです。こうした資本の利子をもたらすのは、結局のところ労働なのです。利子は価格に含まれており、これまでのところすでに、所有の結果としての利潤という別の形態でも表現されています。というのも、資本とは流動化した土地所有と、労働によって獲得された生産物の流通形態だからです。そして資本は、一見して土地所有者ではない人びとにとってさえ、最初に作られた生産物に対する賃金を前貸し、加工段階から他の段階への生産物の移行において賃金を返済し、生産物を市場で取得し、もしくは在庫しておくための手段になっています。この資本の多様な形態、物事の現実性に即した資本の区分、精神と見せかけの資本の現実については、後で見ていくことにしましょう。

よって私たちが価値と呼ぶものは、土地を改良し、土地生産物を抽出してさらに加工するための労働だけから生まれます。もし今、労働者が雇用されることを強いられているのなら、つまりある程度の補償と引き替えに、自分たちの労働成果を誰かに移譲することを強いられているのなら、労働者が生産した製品の価値と、彼らが自分たちの賃金で消費のために購入可能な製品の価格の間には、不均衡が生まれてしまいます。どの地点から収奪が始まるのか、つまり賃金が安すぎるなら賃金支払いの時点なのか、価格が高すぎるのなら購入の時点なのか、それはここでは問題にしません。絶対的な量ではなく関係性、この場合は均衡を欠いている物の関係性を考えることが重要なのです。そしていかなる立場の労働者であろうと、資本家の全利潤は、労働者の苦境につけ込んでその労働成果から無理矢理引かれる値引きから生じていること、つまり、賃金の値引きもしくはその価値の過小評価が、資本家の利益と剰余価値と同等であるということから目をそらしてはいけません。ここでもまた、どの段階から利潤が資本家へ再び流れていくのかについての検証は行いませんし、相関関係の代わりに絶対的なものに置き換えることで、この問題設定が間違っていないかどうかを詳細に検討することもしません。ただ利潤というものは、その割合に違いはあるにせよ、大土地所有者、貨幣資本家、企業家、商人、官吏、「頭脳労働者」、その他特権的に資本主義に参画している全関係者の間で分配されるということを示すのみです。価値そのものだけでなくこうした産出方法を併せて考えると、ここで問題となるのは構造、つまり絶対に不可欠とされる構造であり、すなわち、資本主義に参加している人びとの全収入が利潤なのではなく、彼らもまた労働に従事しているということなのです。そして「労働者」が消費するもののすべてが賃金に相当するわけではなく、割合としてはきわめてわずかではありますが、彼らもまた利潤経済に与っているのです。労働を生産的労働と非生産的労働に分類してしまうのは、行きすぎかもしれません。そしてまったく同じことではないにせよ、生産された商品を必需品と贅沢品に分けて考えることも同様でしょう。これに関連して、ここでは以下の二点を証明するに留めておきましょう。第一点は、資本主義においてはきわめて多くの特権を持つ人びとが何らかの労働に従事しているばかりか、間違いなく生産性の高い労働に従事しており、その一方で労働者の仕事ぶりはといえば、まったくもって、もしくは部分的に非生産的であるということです。そして二点目が、労働者は必需品ばかりか贅沢品をも消費するようになったことです。私たちの時代の現実の生活に大きな意味を持つこれらすべてのディテイルについて、ここではざっと触れることしかできません。そのためここでは、労働者とその労働組合の側から見た賃金問題を一面的に強調することは、マルクス主義者の側からの間違った剰余価値の解釈と結びついていることを明らかにしておきたいと思います。ここまで私たちは、賃金と価格がお互いにいかに影響し合っているかを見てきました。それではここで、いわゆる剰余価値とは絶対的な量の問題であり、企業家のもとに発生して、そこから他の資本のカテゴリーへと流出しているものであるという解釈が、いかに見当違いであるかを指摘していきましょう。剰余価値は、賃金と価格がそうであるのとまったく同じ様に、関係性を意味します。経済の過程すべての流れの中に成立しているものであって、特定の場所に成立するものではありません。ここで論じられている誤謬から、マルクス主義の企業、特に工業的な企業に対する実に不幸な固執が生まれます。彼らはこの点に関して、資本主義にとってのアルキメデスの点［訳註　全思想体系の出発点。アルキメデスの梃子の原理に由来する］を見つけたと信じていました。本当のところは、ありとあらゆる利益は労働から生まれているということに過ぎず、別の表現を借りるなら、所有の生産性も資本の生産性も存在していない、存在するのは労働の生産性だけだということなのです。しかしながらこうした認識は社会主義者の基本認識であり、他の社会主義者とも意見を一にできる唯一の認識であり、――かのプルードン＝バスティア論争やその他さまざまの機会を利用して、プルードンはこの認識に古典的な表現を付与しています――、その点についてのみ、マルクス主義者も広義の意味での社会主義者を名乗れるのです。彼らはまた、私的所有の収益性と資本の収益性とは、労働の生産性に対する事実上の収奪に与えた偽りの形態に過ぎないことも理解しています。しかしこの基本認識から、マルクス主義者はその理論に関して、サンディカリストはその実践に関して、無謀きわまりないほど誤った結論を導き出しました。自分たちは原因の一つを押さえたのだから、最終的、根源的、絶対的な原因をも押さえているのだとマルクス主義者は信じ込んでいたのです。労働、労働条件、生産過程は、今や彼らにとってすべてを説明してくれる最後の切り札だというのです。いわゆる唯物史観、発展法則、集中・大規模恐慌・崩壊への期待感など、彼らのグロテスクな過ちもここに由来します。労働者の苦境は一体どこからやって来るのかを、彼らはとことん問い続けるべきでした。そうしていれば土地の所有の問題、そして貨幣が無期限に消滅せずそれ自体消費もできないという問題に直面し、次いで国家の問題、精神およびその興隆と衰退という問題にも直面したことでしょう。そして国家、資本、所有を含む関係性は私たち自身の中にあり、結局すべては制度に対する個人と個人の力の関連性が問題であり、それらの制度は硬直した力の残滓、そしてほとんどの場合、それは前世代の個々人の無力というかたちで、時代の上にのしかかっていることも理解できたはずです。ものの見方と想像力に応じて、人は経済的状況、政治的関係、宗教などを、恒常的な上部構造とも、あるいは時代を生きる個々人の生活の基盤とも呼ぶことができます。しかし経済的あるいは社会的な「関係性」が時代の「物質的」基盤であり、精神とその形態は単なる「イデオロギー的上部構造」もしくは二重に映った鏡の中の姿であると見なしてしまうと、そうした見解も間違い以外の何ものでもありません。剰余価値の認識、つまり略奪の主体としての所有と貨幣資本主義の正体を暴くことにきわめて大きな意味があるにしても、剰余価値が「発生」する地点を発見したという誤った確信を抱くのは、とても不幸なことです。剰余価値は流通の中に存在します。それは労働者への賃金支払の際と同じように、商品を買った時にも多かれ少なかれ発生しているのです。別の言い方を探してみましょう。というのも、これは印象でしか語れない事柄であるために、真実はさまざまな立場から導かれた叙述の試みにくるまれています。そこで私たちがこうしたアプローチに固執すればするほど、自分自身の包括的な一般化を使って上手に表現しようと思っている現象は、ますます複雑となり粉々に砕け散ってしまうのです。そこで別の言い方を探すなら、剰余価値の原因は労働ではなく、労働の置かれた苦境にあるということになります。そして労働に従事している人びとが置かれた苦境は、先ほど申し上げたように生産過程の外側にあり、この苦境の原因はそのさらに外側にあるのです。そんな具合に、はじめはすべての利潤経済と土地所有経済の領域と流通の中を、次いでこうした外側にある外皮から、その原因へと、そして人びとがその中で動き、その中で動かされ、動きを阻まれ、そこからさらに前世代の人びとのところまで押し戻される、人間のあり様の中に存在するのです。資本主義的な生産過程は、剰余価値を成立させる究極の原因ではありません。人間の関連性の究極の原因を必要としている学者たちも、いつかはそれに気づくことでしょう。究極の一つ前にいるのがアダムで、究極にいる神々しいまでに絶対的な存在が、愛する神なのだということに。その神ですら、六日の間は自分自身の絶対性に不誠実であり続けました。真の絶対者は、自分の手を煩わすほどのことでもないと考えるからです。彼はその玉座、つまり自分自身の席に座り、自分自身に向かってみずから声をかけます。我こそが世界であると。

資本主義から離脱する

資本主義的な生産過程が労働の解放のための要点となるのは、その否定的な側面においてのみです。それ自体がさらに発展して内在的な法則になることで社会主義へと至ることはなく、労働する主体としての労働者の闘争を通じて、労働側に決定的に有利に変化していくこともありえません。むしろ、資本主義の生産する主体という役割を演じるのをやめることによってのみ、労働者にはそれが可能となります。資本主義という構造の中にいるすべての人間の行動は、それがたとえ労働者であったとしても、彼を資本主義の中に深くしっかりと巻き込んでいきます。その利害が自分自身ではなく資本家に握られ、本質的な利益ではなく自身が置かれている不正に由来する不利益を掴まされたとしても、労働者はそれぞれの役割において資本主義の一員なのです。内面、外面ともに資本主義から離脱可能な状態に自分を置き、その役割を演じるのをやめ、人間的であろうとし始めた者だけに、解放は存在します。そうすることによって、真ならざるもの、利潤、市場のためではなく、本当に人間に必要とされているもののために働くようになり、底に沈んでいた需要と労働の本来の関係、飢えと労働力の本来の関係が回復され、そして初めて人間的になれるのです。労働だけが価値を作るという社会主義者の基本認識から、正しい教訓を引き出すことは可能です。つまり、利子市場から撤退せよということです。労働市場の再興、そしてそのためにもまずは精神、労働、消費の関係、労働の基盤を再興しなくてはなりません。

今日、あらゆる人に向けて社会主義は呼びかけられています。しかし、思いさえあれば誰にでも実現できるような信念としてではなく、一人一人を連帯の意識へと、先駆者たちの連合《ブント》へと導いていこうという願いのもとに呼びかけられているのです。

ここで呼びかけられているのは、もうこれ以上は我慢もできないし、したくもない人びとです。大衆、人間性を持った民衆《フォルク》、支配する者とされる者、相続者と廃嫡者、恵まれた者と裏切られた者にこう呼びかけるのです。共同体《ゲマインデ》に集まる人びとの必要のためではなく、利潤のために経済が運営されているというのは、巨大かつ解消しがたいこの時代の恥である。あなた方が直面するあらゆる戦争状態、国家体制、自由の抑圧、階級としての憎悪は、あなた方を支配する野蛮な蒙昧に由来しているのだと。それでは、皆さんが手を貸すべき革命の偉大なる瞬間は、今、皆さん民衆《フォルク》のもとに突然訪れたりするものなのでしょうか。この世界で、どの国であれ、どの地方であれ、どの共同体《ゲマインデ》であれ、凍える者も栄養不足の男も女も子供も存在しない状態へと、いかにして皆さんは到達しようというのでしょうか。もっとも基本的なことだけを語るべきです。革命が一国に限定して勃発したらどうなるでしょうか。それは何の役立つのでしょう。それは何を目的にすればいいのでしょう。

諸共同体からなる共同体

かつてのように、単一の民衆《フォルク》に属する人びとに語りかけていればいいというものではもはやありません。皆さんの大地は、食べ物にしても工業用の天然資源にしても、皆さんが必要なものを持っています。働き、そして交換しなさい。貧しき人びとよ、団結して、互いに信頼し合うのです。信用、相互主義こそが資本なのです。金融資本も企業家のあるじも皆さんは必要としません。都市で、田園で働きなさい。働き、そして交換するのです。

大規模で包括的な方策が全体に行き渡るような瞬間が待ち望まれたとしても、もはやそのように事は運びません。

大混乱、きわめて野蛮な混沌、子供のような寄る辺なさが、革命の瞬間に巻き起こります。資本主義が最盛期を迎え、すなわち利潤の世界市場、プロレタリアートへと向かっている今ほど、人びとが自立性に欠け脆弱だったことはありません。

どんな世界の統計も世界の世論も私たちを助けることはできません。救済をもたらすのは、共同体精神による民衆《フォルク》の再生だけなのです。

社会主義的文化の基本形態は、自立的に経営し相互に交換する共同体《ゲマインデ》からなる連合《ブント》なのです。

今や私たち人類の繁栄、私たちの生存は、私たちにとっていまだに自然な連合体である個々人のまとまり、家族のまとまりが、各社会《ゲゼルシャフト》の基本形態である共同体《ゲマインデ》の統一性へと再び高まっていけるかどうかにかかっています。

もし私たちが社会を望んでいるのなら、それを建設し、実践していくことが肝心です。複数の社会《ゲゼルシャフト》が集まった社会《ゲゼルシャフト》がさらに集まって構成されているのが社会《ゲゼルシャフト》です。複数の連合《ブント》が集まった連合《ブント》がさらに集まって構成されているのが連合《ブント》です。複数の共同体《ゲマインデ》が集まった共同社会《ゲマインシャフト》がさらに集まって構成されているのが本源的共同体《ゲマインヴェーゼン》です。複数の共和制《レプブリーク》が集まった共和制《レプブリーク》がさらに集まって構成されているのが共和制《レプブリーク》です。そこには自由と秩序、そして精神があるのみです。精神とは、自律的なもの、共同性、つながり、そして自立に他なりません。

ごく個人的な事柄には誰も介入してこないような、そんな自立した個々人。自宅とその庭をその世界とする家族共同体《ハウスゲマインシャフト》。自治権のある地域共同体《オルツゲマインシャフト》、行政または地域社会の連合体。規模は拡大しても任務の数はどんどん少なくなる包括的な連合体。それこそが社会の求められる姿であり、それを可能とするのは社会主義だけです。そのために活動するのは意義のあることであり、それが私たちを苦境から救い出してくれるのです。欠落している自由な精神の結びつきを代用するものとしての今日的な強権体制を、国家と国家の連合体のレベルで強化して、その領域をさらに経済の領域まで広げようとする試みは、虚しい上に間違っています。あらゆる独自性と本来の活発さを窒息させてしまったこの警察社会主義は、私たち民衆《フォルク》の完全なる衰退の上に押された印章のようなものであり、完全にバラバラになってしまった原子を機械的に鉄のたがにはめ込んだに過ぎません。私たち人間にとって自然なかたちでの結合とは、私たちが場所的に近く、実際に触れあうことが可能な共生を行っているところにだけに生まれます。むすびつきの精神、共通の仕事や共通の目的に従事する複数の人びとからなる連合《ブント》は、家庭の中だけでは共生というにはあまりに狭く、不十分な形態となってしまいます。家庭内では、私的な利害に限定されてしまいがちです。私たちは公的生活のために、共同精神の自然な核を必要としているのです。それによって公的生活は、以前のように国家と冷酷だけによって満たされ導かれるのではなく、家庭の愛へと向けられた暖かさで満たされ導かれていきます。このあらゆる真の共同社会生活の核が共同体《ゲマインデ》、経済共同体《ヴィルトシャフツゲマインデ》であるべきで、今日地方自治体《ゲマインデ》と呼ばれているものを基準にそれを判断しようとする人には、その本質などきっと想像もできないことでしょう。

飢え、働く手、大地

経営、原材料の加工、物資と人の輸送に必要とされる資本は、実は共同精神以外の何ものでもありません。飢え、働く手、大地。この三つはどれも自然の賜です。飢えを満たすために、手が大地から暮らしに必要なものを懸命に創り出します。それに加えて、特定の地方で数百年続く商慣行の中には特別の慣行があります。大地の状態が特殊である場合、ある種の天然資源が限られた土地だけから発見され、それを交換することが必要になりますし、そのほうが便利だということになります。人びとは共同体《ゲマインデ》と共同体の間で、その土地やその場で加工できない、あるいはそうすべきではないものを交換します。共同体内部の個人と個人の間での交換も同様です。人びとは生産物を等価の製品と交換し、各共同体は各人に、その人が欲しいだけ、つまり働いた分だけ支払をしなくてはなりません。

飢え、働く手、大地。この三つはどれも自然の賜です。そしてそれ以外に人びとに必要なことは、自分たちの間で消費されるものをしかるべく調整していくことだけで、そうすれば必要な物を手にできるし、そうすることで各人は自分のためだけに働くことになるのです。このように自然を搾取することで、お互いを搾取することはなくなります。これが社会主義の務めです。交換のシステムのもとでも、誰もが自分のために労働し、数千ものつながりで結ばれた人びとが共存し、このつながりの中では誰かから何かが奪われることなど決してなく、誰もがただ与えられるだけなのです。そのように交換経済を調整するのです。誰かから誰かへ贈るという意味で与えるのではありません。社会主義は諦めることも奪うことも想定していません。誰もが自分の労働の成果を受け取り、自然から生産物を抽出するに際しては、すべての面で労働の分配、交換、労働共同体からの助けを受けているのです。

飢え、働く手、大地。この三つはどれも自然の賜です。今日、都市と田園にいる人びとに向かって、何らかの形で私たちの使用に付されているすべては、それが空気でもない限り、大地と大地に育つ動植物から発生しているのだと、それをまるで何かの新発見でもあるかのように語らねばならないのは、なんとも奇妙なことです。

飢え、働く手、大地。この三つはどれも自然の賜です。

私たちは毎日飢えを感じ、ポケットをかき回して、飢えを満たす手段を買うための手段であるお金を探します。ここで飢えと形容されたものは、本当に必要なものすべてを指します。それを満足させるために、金庫の中のお金を探すのです。

お金を手に入れるために、私たちは自分自身を売るかあるいは貸し出します。私たちは手を動かしますが、ここで手と呼ばれているものは、さまざまな筋肉、神経、そして脳のことであり、精神と身体のことであり、労働を意味しています。大地の上での労働。大地の下での労働。大地の産物をさらに加工するための労働。交換、輸送手段に携わる労働。富をより富ませるための労働。娯楽と教養のための労働。若者を教育するための労働。有害、不要、無価値なものを生産する労働。何も生み出さず、野次馬に見世物を提供するだけの労働。今日の労働は実に多岐にわたっています。今日では、お金をもたらすものなら何でも労働と呼ばれているのです。

飢え、働く手、大地。この三つはどれも自然の賜です。

大地とはどこにあるのでしょうか。私たちの手が必要としている大地とは、私たちの飢えを満たすためのものなのでしょうか。

大地を保有する人は少数で、その数はますます少なくなっています。先ほどもお話ししたように、資本はモノではなく私たちの間に存在する精神なのです。そして自分自身と私たちの人間としての本質を再発見したとき、私たちは生業と交換の手段を手にするのです。しかしながら大地は外的な自然の一部です。空気や光と同じように自然のものなのです。大地は譲り渡せないものとして、すべての人に属しています。しかし大地は所有物になりました。少数の者の所有物です。

モノの所有、土地の所有はすべからく、実は人間の所有を意味しています。不当にも他者、大衆を大地から遠ざけている者は、他者を自分のために強制的に働かせていることになります。所有とは盗みであり、所有とは奴隷を所有することになるわけです。

貨幣経済によって、今や土地所有制は見かけに反して多様なものになりました。公正な交換経済では、たとえ私が土地を所有していなくても、私は実質的に土地の割り当てを受けているにも等しいのです。利潤、成長、利子が支配する貨幣経済では、たとえ土地を持っていなくても、お金や債権という紙切れを持っているのであれば、事実上土地の収奪者になります。生産物を等価で生産物と交換できる正しい経済では、たとえ私が働いて得たものが何一つ自分自身の食い扶持にならなくても、私はただ自分のためだけに働いていることになります。利潤が支配する貨幣経済では、たとえ自分が一人の労働者も雇っていなくても、自分の労働でやりくりする以外の何かによって生計を立てているのなら、奴隷の主人になるのです。そして自分の労働だけで生きている時でさえ、その労働が独占的または特権的なもので、実際の価値より高い価格が払われている場合、人間の搾取に参画していることになります。

飢え、働く手、大地。この三つはどれも自然の賜です。社会主義の共同体《ゲマインデ》は、土地を新たに分配しなければなりません。大地は決して所有物ではありません。大地に主人はいません。それができてはじめて、人間は自由になるのです。

社会主義の共同体《ゲマインデ》は、土地を新たに分配しなければなりません。しかしそうなると、再び所有が発生することにはならないのでしょうか。

共同所有や所有者の不在について、私たちが他の人びとと異なる考え方をしていることを、私は重々承知しています。彼らの視界には霧がかかっていますが、私ははっきりとものを見るように努力しています。

彼らはすべてを記述された理念の実現と考えています。私は、今何ができるか、将来も何ができるかを表現していきたいと考えています。この世界の出来事は、今もそして将来も、漫然とは進行していません。社会主義は実現されるべきです。その実現を望む人は、自分が今、何を望んでいるのかを知らねばなりません。今もそして将来も、革新的な変革者は目の前のこと以外の何かを変革しようなどとは考えてはいません。従って、今もそして将来も、地域共同体が共有地を持つことが求められているのです。一方に共有地、もう一方に家屋、中庭、庭、畑など家族の財があればそれで十分です。

所有の廃止と占有

所有の廃止は、まず私たちの精神に大変革をもたらすでしょう。この再生から、力強い新たな分配が生まれます。そしてこの新たな分配と結びついて、将来、特定あるいは不特定の間隔で、土地を何度も何度も新たに分配しようという意志が生まれてくるのです。

正義とは、常に人びとの間を支配する精神に左右されるもので、今、必要とされているのは精神です。精神というものを、あまりにも美しく結晶化しているがために、永続的に確立したものであり、未来に何の変化の余地も残さないと考える者は、社会主義についてまったくの誤解をしています。精神は常に動き続け、創造を続けているのです。それが創り出すものには常に何かが欠けていて、表象や理念を除けば、どんなかたちであったとしてもその完成形が日の目を見ることはないでしょう。搾取と増殖の可能性すべてを自動的に排除するような規範的な制度を一気に創り上げようとする努力は、無駄である上に間違っています。私たちの時代は、闊達な精神が占めるべき地位に自動的に機能する制度が就いてしまった場合に何が生まれるか、それを示してくれました。それぞれの世代が勇敢かつ決然と、自分たちの精神にふさわしい何かを探していこうではありませんか。それは後々、革命に十分な理由を提供してくれるかもしれません。新しい精神が過去の精神の硬直化した残滓と対峙した時、革命が求められます。従って所有との闘いも、一部の人、例えばいわゆる共産主義者がすっかり信じ込んでいたのとは、まったく違う結果になるでしょう。所有は占有とはいくぶん異なるものです。そして近い将来、私的な占有、協同組合占有、共同体占有が見事に花開くと私は考えています。占有とは、直接使用するものや単純な道具の占有を指すだけではありません。まるでそれを迷信のように恐れる人もいる、あらゆる種類の生産手段、家、土地の占有も含みます。千年王国または永遠性を目指して最終的な保護措置を講じなくてはならないわけでは決してなく、大規模で包括的な調整と、調整を定期的に繰り返す意志を創出することなのです。

「あなたはその第七月の十日に角笛を鳴り響かせなければならない。贖罪の日に、あなたがたの全土に角笛を鳴り響かせなければならない。

「あなたがたは第五十年目を聖別し、国中のすべての住民に解放を宣言する。これがあなたがたのヨベルの年［訳註　五十年に一度の大恩赦の年で、土地、奴隷が解放されて格差が是正される］である。あなたがたはそれぞれ自分の所有地に帰り、それぞれ自分の家族のもとに帰らなければならない。

「このヨベルの年には、あなたがたは、それぞれ自分の所有地に帰らなければならない」。［訳註　『レビ記』25-9, 10, 13 参照］

聞く耳を持つ人だけが聞いてくれるでしょう。

国中に、角笛を鳴り響かせるのです。

精神の声とは、人びとがともにある限り、何度も何度も響き渡る角笛の音のことなのです。不正義は常に定着しようとします。人びとが誠実に生きる限り、それに対する反乱が勃発します。

制度としての反乱、ただ一度だけ発動する法則としての再編と大変革、決意表明としての精神の秩序。これこそが、このモザイクのような社会秩序に影響を及ぼし、聖性を与えたのです。

それを私たちは再び必要としています。精神による新しい秩序と大変革。その精神は物事や制度を永遠に固定化するものではありませんが、それ自体は永遠性を主張しています。革命は私たちの社会秩序に従属するものであり、私たちの制度の基本原則になるはずです。

精神は、おのずからかたちになっていきます。それは硬直ではなく、運動というかたちをとります。占有は所有には姿を変えず、労働の可能性と安定を提供することはあっても、搾取と傲慢を作り出すことは決してありません。交換の手段はそれ自体価値を持ちませんが、交換することにおいてのみ意味を持ち、それは単なる交換の手段であるばかりか、それぞれ使用に際しての条件をはらんでいます。交換手段には有効期限が設けられ、まさにそれゆえ生命を得ることができるのです。ところが現在では、有効期限もなく血なまぐさい残忍さです。

私たちの間にあった生の代わりに、私たちはそこに死を置きました。あらゆるものが、物そして即物的な偶像になりました。信頼と相互主義は資本に変わりました。共通の利害は国家になりました。私たちの行動、私たちの絆は硬直した関係性へと姿を変え、長い時を経て各地での壮絶な闘争と激震の中で革命が勃発し、すぐに再びそこから死と慣行と一回的で不変なものが生まれようとしましたが、生まれる前に死んでいったのです。今ここで、私たちの経済の中で実現可能な唯一の原則を打ち立てることによって、完全にして壮大な仕事を成し遂げましょう。その原則とは、社会主義の基本認識に一致します。すなわち、人間の世界では、労働によって作られるものだけが価値があるのだから、家庭内での労働によって作られる以上に消費材として価値のあるものが、家庭内に入り込むべきではないということです。進んで断念する人、贈る人であれば、それも可能かもしれません。それはその人の自由裁量の範疇であって、経済とは無関係です。しかしそんな状況だからといって、空手で過ごせとは誰にも強制できません。しかしこの原則を常に刷新しつつ実行するための手段は、時間と場所によって異なってくるでしょう。そしてこの原則は、繰り返し適用されている場合に限って生き続けるのです。

資本の二つの構成

マルクス主義者は土地を資本の一種の添え物のように考えて、土地についての何ら正しい認識を持とうとはしませんでした。実際資本は、まったく異なる二つのものから構成されています。一つには、土地と土地からの生産物、そして土地に従属しているという理由から、資本とは呼ぶべきではないかもしれない整地された土地、建造物、機械、道具です。もう一つが、人と人とのつながり、つまり絆の精神です。貨幣もしくは交換のための手段は、一般に流通する商品を表す形式的な記号以外の何ものでもなく、その助けを借りて、あらゆる個別の商品を快適に、そしてこの場合でいえば間接的に交換するためのものなのです。

そもそもこれは、資本とは何の関係もありません。資本とは交換手段でも記号でもなく、可能性です。一人の労働者または一労働団体の持つ特定の資本とは、特定の製品を特定の時期に生産するために彼らが持っている可能性を指しています。そのために使用される具体的な物としては、第一に原材料、つまり大地と大地の産物で、そこから生まれた新たな製品をさらに加工する必要があります。二番目には農産物も含めた仕事に使う道具。三番目は労働者が労働時間中に消費する生活必需品で、これにも農産物が含まれます。一人の人間が一つの製品だけを作っている限り、自分が生産を続けている間、それを生産に必要なものと交換ができません。しかしすべての働く人びとは、こうした期待と緊張の状況の中にいるのです。今や資本とは求められている製品のための期待感と先物買い以外の何ものでもなく、すなわち貸し付けあるいは手形のようなものに他なりません。公正な交換経済においては、注文を受けた各人あるいは顧客を持つ各生産者集団が、自分たちの飢えをいやして手を動かすために、具体的な手段、土地、土地から作られた生産物を手に入れるのです。なぜならば、すべての人にはそれ相応の需要があり、各人が他の人に、これもまた期待と緊張の産物である実体のある物を供給することによって、そこで今一度、可能性と備えが実体のある物・実質的な物に形を変えるのであって、すべてはこの連鎖の中にあるからです。従って、資本は物ではありません。土地とその生産物こそが物なのです。従来のものの見方は、物の世界の許容しがたい、実に誤った二重性を映し出しています。たった一つしかない土地の世界の外側に、資本の世界がまるで実体を持っているかのように存在しているのですから。それによって、緊張関係でしかない可能性が事実性にされています。土地の物質的事実性だけが存在するのです。それ以外のいまだに資本と呼ばれているすべては、関係性、運動、流通、可能性、緊張、信用、あるいはここでの私たちの呼び方を当てはめるなら、経済的な有効性としての絆の精神です。それはもちろん愛や好意といったあやふやな形態ではなく、プルードンが交換銀行として説明したような、目的性を持つ機関として運用されます。

現代を資本主義の時代と呼ぶのであれば、それが意味するところは、もはや絆の精神が経済の領域には行き渡らず、物神によって支配されているということでしょう。つまり、本当は実体を持たない無であるにもかかわらず、事実性として受け取られているのです。

物神の支配と国家

事実性と考えられているこの無は、その有効性に応じて、そして有効性こそが貨幣であると考えられていることとも相まって、富める者の家と権力のある場所に多くの具体的な事実性をもたらしますが、それらはどれも無からではなく、土地と貧者たちによる労働から生み出されているのです。というのも、労働が土地に働きかけるたびに、そして生産物が労働のある段階から別の段階に移行しようとするたびに、あるいは消費に付される前の段階で、何らかの不適切な資本が全労働過程の中に紛れ込んだ場合、その資本がささやかな業務に対する賃金上昇に転化されることはほとんどなく、また資本は停滞ではなく流通を志向することから、利子ばかりが積み上がっていくのです。

事実性として認識されることで結びつき精神の不在を補ってきた無とは、ここですでに何度も言及してきたように、国家のことでもあります。国家は障害となりながら、衝突しながら、寄生しながら、圧迫しながら、人と人との間、人と土地との間、または活気、絆、自由な精神など、元々そこにあった純粋さが萎縮してしまったあらゆる場所に侵入してきます。そのことは、真の相互利益と相互的信頼に取って代わって入り込んできた不正な資本が、寄生的・略奪的な力をまったく行使できず、また、暴力、国家の暴力、法律、政権、行政に支えされていない土地所有が、労働からの上がりをまったく徴収できないこととも関連しているのです。一つだけ忘れてはならないのは、国家、法律、政権、行政などすべては、生活の手段を持たないためにお互いを苦しめ、攻撃しあっている人びとにしてみれば、ただの呼び名に過ぎないということです。

社会主義は農業問題である

そこでこうした立場から、資本についてここで正しく説明したことに従って、「資本主義的」という表現は、それが本物の資本ではなく不正な資本を意味しているがゆえに、まったく的確な表現ではないと私たちは考えています。しかし、人びとのために真実の関係性のもつれをほぐそうとするならば、まず一度は市民権を得ている言葉を受け入れることは避けられず、ここでもやはりそうせざるをえませんでした。

なので、自分たちには資本が欠如していることに労働者が気づいているなら、そう思うのもまったく別の意味で正しいことになります。彼らには資本の中の資本ともいえるものが欠如している、事実性を備える唯一の資本が欠如しているのです。この場合、事実性とは物ではありません。彼らに欠けているのは精神です。そして、こうしたあらゆる生活の可能性と前提から疎遠なすべての人にとってそうであるように、精神に加えて彼らの足下からはすべての生活の実質的な前提、すなわち土地が奪われているのです。

大地と精神。それが社会主義の合い言葉です。

社会主義の精神に感銘を受けた人びとは、真っ先に、社会のために必要とされている唯一の外的条件である土地を求めることでしょう。

人びとが彼らの世界経済、国民経済の中で自分たちの生産物をお互いに交換すれば、それによって土地も流動化するだろうことが、私たちにはよく分かっています。土地は長いこと株式市場の対象となり、紙切れにされてきました。人びとがその世界経済、国民経済の中で自分たちの生産物を同じ価値を持つ生産物と交換すれば、また彼ら自身の消費をもとに結集した包括的な連合体、そしてその結果として必ず成立してくる大きな信用が確立すれば、たとえ資本主義的市場に排除されたとしても、ますます大量の工業製品を自分たちの使用のために原料から加工できるだろうことも、私たちはよく承知しています。時間の経過と共に、彼らは土地の産物だけでなく、かなりの広さの土地も自分たちで買えるようになることも、私たちには分かっています。このような力のある消費生産協同組合は、それ自身の相互的信用だけでなく、相当の貨幣資本も最終的には自由に使えるようになるだろうことも、私たちはよく理解しているのです。しかし人びとがこれを成り行き任せにしてしまうと、最終的な決断を先送りするだけになるでしょう。土地所有者は、そこで育つもの、土地の下から取れるもののすべてを独占しています。それはつまり、すべての民衆の生活必需品と工業の原材料です。国家、そして国家とのつながりの中でますます重要性を増していく貨幣資本の一部は、土地の私的所有がもはや存在せず、社会主義的資本としての相互主義が存在するようになると、文字通り土地を奪われて息も絶え絶えの状態になるでしょうが、しかしそんな状況になる前に、資本主義の取引と産業は消費生産協同組合によってますます締め出され、その結果、国家と貨幣資本の一部はますます大地主の側につくことになるでしょう。自分たちの消費のために労働している労働組合に、無条件で土地が供給されることはなくなるでしょうし、それどころかそこからの生産物は購入できないレベルにまで値上げされ、ほとんど入手できなくなるでしょう。土地は流動的で紙切れ同然に見えますが、それも外見だけのこと。しかし資本はそのまったく逆で、その実際の規模からして虚構でしかありません。決定的な瞬間が訪れた時にだけ、土地はその本当の姿をあらわします。土地とは、所有され、差し押さえられている自然の物理的な一断片なのです。

社会主義者は土地所有を巡る闘争を避けては通れません。社会主義の闘争は土地を巡る闘争なのです。社会問題とは農業問題なのです。

ここで初めて、プロレタリアートに関するマルクス主義の理論がいかに大きな間違いであったかが分かってきます。もし今革命が勃発したとしても、住民のどの階層にしたところで、我らが産業プロレタリアートに負けず劣らず、何をすべきかなど理解していません。解放に憧れる産業プロレタリアートにとって――どんな新しい関係性や環境を構築したいのかを理解するのにも増して、彼らは解放と休養を求めているので――古いヘルヴェーク風のスローガンは、確かにとても魅力的です。「働く人よ目を覚ませ、そしてみずからの力を知れ、すべての車輪は止まっている、君の力強い腕が求めるのであれば」〔訳註　ゲオルク・ヘルヴェーク Georg herwegh, 一八一七―一八七五、ドイツの革命詩人〕。なんと魅力的な言葉でしょう。そのすべてが事実に普遍的な表現を付与するものであり、従って論理的でもあります。ゼネストは大混乱を招くため、労働者がほんの短期間だけ我慢できさえすれば資本家たちは降参するに違いないというのは、まったくの真実です。

しかしこれには大きな「もしも」がつきます。今日の労働者は、革命的ゼネストの時に兵糧を確保することがいかに困難であるかについて、ほとんど何も理解していません。それでもやはり、暴力的な力の衝突を伴った大規模で激しいゼネストが、労働組合に決定的な力を与えることは確かでしょう。革命の翌日、仕事場や工場の労働組合は大都市と工業都市を占拠するかもしれませんし、その後も利潤の世界市場に向けて同じ製品を作っていかねばならないかもしれません。また蓄えられた企業家のもうけを自分たちの間で分配することになるかもしれません。そして、自分たちの置かれた状況の悪化、生産の停滞、完全な機能不全を除いて、何も進展していないことに驚愕するのです。

利潤資本主義の交換経済を直接、社会主義的交換経済に移行させるのは、まったく不可能となりました。一気に事が運ばないのは自明です。それを徐々に達成しようと試みるなら、より悲惨な革命の崩壊、急ごしらえの政党の間でのきわめて無秩序な闘争、経済的な混沌、政治的なカエサル主義［訳註　大衆の支持を基盤にした疑似民主的独裁］に行き着くことでしょう。

生産物の生産と分配における正義と理性から、私たちは遠く離れた場所にいます。今日消費を行っている各人は、各人と必需品の間に利潤経済が定着しているという理由で、全世界の経済に依存せざるをえないのです。私が食べている卵はガリシアから、バターはデンマークから、肉はアルゼンチンから、それと同じように、パンに使う穀類はアメリカから、私のスーツを作るためのウールはオーストラリアから、ワイシャツの木綿はアメリカからやって来て、その他、長靴の革とそれに必要なタンニン、卓、棚、椅子を作る木材なども同様です。

私たちの時代の人びとは、絆を失って無責任になっています。絆とは、人びとを集め、その生活必需品の生産に従事させる牽引力のことです。私たちに命を与えてくれる絆は、外面化され、物象化されました。商人は自分が何を商っているのかにまったく関心を示さず、同じようにプロレタリアートは、自分が何を何のために作っているかにまったく関心を示しません。

貨幣目的の生産

企業は、需要を満足させるという当然の目的を持ち合わせていないのです。そうではなく、できるだけ大々的に情け容赦ない方法で、できるだけ労働することなく物を手に入れようという偽りの目的です。どういうことかというと、魔術も奇跡も期待できないのなら、他者、つまり従属的な人びとの労働を通じて、すべての欲求を叶えてくれるもの、つまり貨幣を手に入れようというのです。

貨幣は絆を飲み込み、そのため物以上の存在になっています。自然から人工的に作られた目的を持つ物の特徴は、それ以上は成長しないこと、環境から資源や力そのものを引き出す能力を持たないこと、その代わりに、ひっそりと消費される時を待ち、もし使用されないのなら、遅かれ早かれ期限切れになってしまうというところにあります。成長するものは、自律的な運動と自律的な生産性を有する、つまり有機物なのです。貨幣はそれと同じように、人為的な有機物なのです。貨幣は成長し、子供を産み、あるところで増殖して、そして不死です。

フリッツ・マウトナー▼がこう言っています。「神」という言葉は元はといえば偶像と同じ意味で、どちらも「鋳型から作られたもの」を意味していたと(『哲学辞典』)。神は人びとによって作られた産物で、人間の生をみずからの中に引き込み、最終的には人間性よりも強大になりました。

人間によって現実の肉体を与えられた唯一の鋳造物、唯一の偶像、唯一の神が貨幣です。貨幣は人為的に作られたものですが生きていて、貨幣がどんどん貨幣を生み、貨幣は地上のあらゆる力を備えています。

しかしながら、貨幣とは人間によって創り出されて命を吹き込まれ、不吉な精神と化した物以外の何ものでもない、つまり神であるということに、そして貨幣は私たちの暮らし中でもはや狂気と化した正気であるということに気づかない、今日になってもいまだに気づいていない人が果たしているのでしょうか。貨幣は富を生みません。貨幣が富なのです。貨幣それ自体が富なのです。貨幣以上に豊かな者は存在しません。貨幣は力を有し、どこからか生まれ出る生命を持っています。それに命を与えるのは私たちだけです。私たちは貨幣をこんなにも豊かに、こんなにも生産的に造ってしまったために、自分たちのほうは一様に貧しく、疲弊してしまいました。単刀直入に言えば、汚れた貨幣が子供を産み落とし、この固い金属が男たち、女たちから動物的な暖かさを奪い、吸血鬼のように血管から血を吸った結果、おびただしい数の人間の女は、もはや母にもなれないのが現状です。貨幣が神となり、貨幣が人喰いになってしまったがために、私たちは例外なく物乞い、悪党、愚者となりました。

自然との再結合、絆の再構築

社会主義は立ち戻りです。社会主義は新たなる始まりです。自然との再接合、精神が再び満たされること、絆の再獲得です。

私たちは何のために働くのかを学び、それを実践する以外に、社会主義への道はありません。私たちが働くのは、現代人が魂を売り渡している神や悪魔のためでもありません。自分たちの必要を満たすために働くのです。労働と消費の関係性の回復。それが社会主義なのです。今や神は、単なる技術的な再編や交換システムの改革では廃止できないほど、強大で全能な存在になってしまいました。従って社会主義者は再び共同体《ゲマインデ》に集い、共同体の構成員が必要とするものを、共同体内部で生産せねばなりません。

人間性《メンシュハイト》を待望しているだけではいけないのです。個人の中の人間存在の核心《メンシュトゥム》を発見し、新しく創り出すことがない限り、人間性《メンシュハイト》が共同の経済、公正な交換経済のために一致団結するなど期待できません。

すべては個人から始まります。すべては個人にかかっているのです。今日私たちを取り囲み拘束しているものと比べると、社会主義は人間がみずからに課したものの中でも、比較にならないくらい壮大な使命です。力による外的な治療や狡知だけでは、社会主義を実現することはできません。

闊達な精神が外的なかたちとなっているその形態の内に、いまだに生命が隠されていることがあり、私たちはそうした多くのものとつながっていくことができるのです。村落共同体に残った古い共同所有地には、初期の入会地の持つ農民と農業労働者の思い出が残されていますが、何世紀も前に私的所有に移行してしまいました。また、農業労働と手工業のための共同体経済の制度も存在します。農民の血は、農民以外の多数の都市プロレタリアートにもいまだに流れています。彼らは、再びそれに耳を澄ます術を学ばねばなりません。まだまだ遠い目標ではありますが、今日ゼネストと呼ばれているものがその目標です。他人のため、金持ちのため、偶像や得体の知れない何者かのために働くことを拒否することです。しかしここでいうゼネストとは、もちろん限定的な武器で闘う受け身のゼネストとは違います。今日のゼネストは事前に通告され、一時的な成果すらきわめて疑わしい上に、最終的な失敗も目に見えている反抗心を武器に、資本家に向かって「我慢くらべだ！」と呼びかけるものです。ここでいうゼネストとは、ゼネストとはいっても、より活発なゼネストです。この「活発」という意味は、時として革命的ゼネストと聞いて思い浮かべるような、つまり正しいドイツ語で言うところの強奪とは別の種類の活発さです。積極的なゼネストとは、労働者が彼らの活動と労働の提供を全面的に拒否して、自分たちに必要なもの、本当の必要なもののだけのために労働できるようになった時に初めて発生し、勝利するのです。これは正しい道ですが、まだまだ長い道のりです。しかし、私たちが社会主義の終盤でも中盤でもなく、まったくの始まりのまたその前に立っていることを私たちは理解しているでしょうか。私たちがあらゆる意味でマルクス主義を不倶戴天の敵と考えるのは、それが社会主義の開始を労働者に思いとどまらせているからです。私たちを強欲と困窮で硬直した世界から脱出させてくれる魔法の言葉は、ストライキではありません。労働なのです。

農業、工業、手工業。頭脳労働と肉体労働、教育制度と徒弟制度のためのシステムを、今一度一つにまとめ上げなくてはなりません。これを実現するための方法について実に意義深い観点を、ピョートル・クロポトキンがその著作、『田園・工場・仕事場』の中で私たちに教えてくれています。

民衆《フォルク》、全民衆《フォルク》、我らあらゆる民衆《フォルク》への希望を、私たちは絶対に捨ててはなりません。確かに今はまだ民《フォ》衆《ルク》は存在していません。精神で結ばれた人びとである民衆《フォルク》がいるべき場所には、国家と貨幣が居座っています。その一方で、個人はバラバラに分解されたまま取り残されているのです。

個々人が、先行する人びとが、精神的なるものを「民衆《フォルク》」で満たし、「民衆《フォルク》」の原型が創造的な人びとの間に息づき、それが彼らの心、身体、手から現実になってはじめて、再び生まれ出るのです。

迷信や間違った生き方を捨てて正しい道に入っていくためには、確かにさまざまな知恵が必要とされていますが、社会主義はよく誤解されているような科学ではありません。しかしながら、社会主義とは確かにある種の技法です。生けるものたち中での創造を目指す、新たな技法なのです。

あらゆる階層に属する男たち、女たちが、同胞《フォルク》に加わるために民衆《フォルク》から離れるよう呼びかけられます。

社会主義農場の建設

というのも、その課題は同胞《フォルク》に絶望することでも、同胞《フォルク》をただ待ち望むことでもないからです。自分の内なる同胞《フォルク》に応えようとする人であるならば、そして社会主義という造形物の実現を現実のものにするため、このいまだ発芽してない種子と切なる空想のかたちを中心に、志を同じくする人びととつながろうとする人であるのなら、同胞《フォルク》から離れて民衆《フォルク》へと向かうことでしょう。

深い嫌悪感、強烈な憧憬、創成への本物の欲求を内に秘めている人びとによって、社会主義は現実のものになりますが、彼らとともに進む人の数によって、その様相は違ったものになっていきます。

そこで私たちはお互いに団結して、社会主義の農場、社会主義の村落、社会主義の共同体《ゲマインデ》の建設を目指すのです。

文化とは、技術や欲求を満たすための何らかの形態ではなく、正義の精神に宿るものです。

社会主義を実践しようとする者は、いまだ予感の域を出ない未知の喜びと幸福感を抱きつつ、その仕事に臨まなければなりません。私たちがまず最初に学ばねばならないのは、労働、共同性、互いをいたわる心を持つ喜びです。そのすべてを忘れてしまった私たちですが、いまだに自分たちの内部では、そうしたものすべてを感じ取ることが可能です。

社会主義者が可能な限り資本主義市場から自身を隔離し、外の世界からしか手に入らないものと同じ価値だけを移出する国内入植地は、そのための取り組みの第一歩に過ぎません。入植地は国中を照らし、同胞を失った人びとの群れはそれをきっと羨むことでしょう。贅沢品や力を行使するための手段を羨むのではなく、自足的な幸福感、共同体《ゲマインデ》の宮殿にいる喜びを羨むのです。

現実としての社会主義は、学び取っていくしかありません。社会主義とは、すべての生と同じように試みなのです。私たちが今日すでに言葉や著述の中に詩的に表現しようとしたすべてです。それはつまり、労働の交換、頭脳労働の役割、もっとも単純で安全な交換手段、司法にかかわる契約の導入、教育の刷新、これらのすべてが、決して型通りのパターンに従うことなく実現されてはじめて、現実性を持つのです。

しかしありがたいことに、社会主義の共同体《ゲマインデ》と国々をすでに具体的な形で予測した人びとのことを、私たちは思考と空想の中ではありますがここで思い起こすことができます。現実は、彼ら一人一人が考えた姿とは違っていることでしょう。しかし現実は、こうしたものを手本としているのです。

ここで今一度、プルードンを、そして自由と契約の国からやってきた、明確で曖昧の余地のない彼の視野を思い起こしてみましょう。ヘンリー・ジョージ▼、ミヒャエル・フリュールシャイム▼、シルヴィオ・ゲゼル、エルンスト・ブッシュ▼、ピョートル・クロポトキン、エリゼ・レクルュス▼など、観察、叙述を試みた何人かの善良な人びとを思い起こすのです。

好むと好まざるとにかかわらず、私たちは過去の後継者なのです。次世代の人びとを私たちの後継者として育て、私たちが経験し行ってきたことすべてを、来たるべき世代の人びと、私たちを取り巻く多くの人びとに伝えていこうという心意気を、自分たちの中に創り上げていきましょう。

新しい社会主義

これこそが、まったく新しい、最新の社会主義です。私たちの時代にとって新しく、表現において新しく、過去の見方において新しく、気分の面でも新しい社会主義です。そして今、私たちは新たにまわりを見回してみなければなりません。人間と階級、制度、伝統を観察し直すのです。今では農民に対する見方も変わっています。彼らに語りかけ、彼らと共に生き、彼らの中に沈澱して埃を被っているもの、すなわち宗教を活性化するという私たちに課せられた任務の大きさにも気づかされます。何らかの、外あるいは上からの力への信仰ではなく、自分自身の力を信じ、生きている限り個々人の存在を完全なものに近づけるものとして信仰を捉えるのです。農民と農民の土地所有への愛着は、常に怖れられてきました。ところが農民は土地にそれほど愛着がないどころか、何とほとんど持っていません。そして彼らから奪うのではなく、彼らに与えなければなりません。彼らに与えるべきものが何なのかと言えば、それは他の人びとの場合と同じですが、何をおいてもまず共同精神《ゲマインガイスト》、共同体精神《ゲマインデガイスト》です。しかしこうした精神は、都市部の労働者の場合に比べれば、それほど深く埋没しているわけではありません。社会主義の入植者がすべきことは、既存の村に定住することだけ。そうすれば彼らが再び活気を取り戻し、十五世紀、十六世紀にもともと彼らの中にあった精神が、今でも再び目を覚ますことが可能であることが示されるでしょう。

こうした新たな社会主義について人びとに語りかけるには、新しい用語が必要です。ここで第一の、そして手始めとなる試みに着手してみましょう。私たちも他の人びとも、もっと上手に学べるはずです。精神を欠いた社会主義的形態である協同組合を、目的もないのに勇敢な労働組合を、社会主義へという壮大な試みに導いていくのが私たちの望みです。

好むと好まざるとに関わらず、私たちは話すだけにとどまってはいられなくなるはずです。私たちは先に進んでいくことでしょう。現在と未来の間に隔たりがあるなど、もはや私たちは思っていません。私たちは知っています。「ここが新天地でなかったら、新天地などどこにもない」ことを。今この瞬間に行動しないなら、もう絶対に行動することなどないのです。

資本主義から遠ざかる道

自分たちの消費分をまとめれば、私たちはさまざまな寄生者を排除できます。自分たちの消費をまかなう物資を作るために、かなりの数の職人と産業を集結させることができるのです。この点私たちは、常に資本主義によって主導される工場との競争が頭を離れない協同組合が、現在までたどり着いたどんな地点に比べても、そのはるか先まで行くことが可能です。協同組合は官僚的であり、中央集権的です。そして協同組合自身が雇用者になり、被雇用者とは労働組合を通して契約を交わす以外、何の術も知りません。各人が真の交換経済のもとに消費生産組合で自分たちのために働くなど、彼らには思いもよりません。労働の採算性ではなく生産性が決め手となること、そして例えば小規模工場のような工場のほうがはるかに生産的で、資本主義では採算が取れなくても、社会主義にとって望ましいことなど、彼らには思いもよらないのです。

私たちに入植地は作れますが、それは一気呵成に資本主義から完全に離脱して作るものではありません。しかし今、社会主義とは一本の道であり、資本主義から遠ざかりつつある道であること、そしてすべての道には始まりがあることを私たちは理解しています。社会主義は資本主義から出現するものではなく、資本主義に対抗して成長し、資本主義に対抗して打ち立てられるでしょう。

自分たちが消費する分をまとめ、私たちを集結させる労働組合と労働者同盟、そして資産家に全面的に参画してもらうか、少なくとも何らかの手段を与えてもらうなどして、この入植地のために土地を入手し、最初の営業手段を手に入れるのです。すべてが期待に過ぎないこと、またこのような期待を口にすることを、私はまったく恥じていません。社会主義とは、私たちの外と内にある恐怖のもとで苦しむすべての人びとにとっての問題です。そしてあらゆる階層のあまたの人びとが、今日予想しているよりもはるかに大きな苦悩を抱えることになるでしょう。礼節という点でも自己の解放という点でも、富める人も自己資金のある労働者同盟にとっても、土地を一挙に供出して、社会主義の始まりのために解放する以上に有意義なことは存在しないのです。一度解放されてしまった土地に関心を持つ者はいなくなり、それが買われたものかどうかなど気にかける人はなく、実際に分からなくなってしまいます。労働者の皆さん、些細なことを気にしてはいけません。皆さんは、靴、ズボン、馬鈴薯、鰊を買います。もし皆さんが、そして働き苦しむ人びとが、たとえどんな役割を今まで割り当てられていたにせよ、みずからを不正から買い戻し、今後、皆さんが必要とするほとんどの物資を、自分たちの力で共同社会のために作ろうと皆さんの力を合わせるのであれば、始まりとしては上々です。

忘れてはなりません。もし私たちの精神が正しければ、たった一つのものを除いて、社会にとって必要とされるすべてを私たちは手に入れることでしょう。そのたった一つのものが、土地なのです。大都市の人びとよ、諸君は土地を心から欲しているのでしょうか。

東西南北すべての国に、すべての地方に、共同体《ゲマインデ》に固有の文化を持った社会主義的入植地が利益経済の中に入り込み、その生きる喜びを静かに感じるようになり、ますます羨望が広がっていったなら、民衆《フォルク》は動き、民衆は認識し、理解し、安定を確保できるようになると私は信じています。唯一欠けているのが、社会主義的に繁栄して幸福に生きるための外的な条件、つまり土地なのです。そうなれば民衆《フォルク》は土地を解放し、偶像のためではなく人間のために労働するようになるでしょう。まずは始めるのです。小さなことから、ごく少人数で始めていきましょう。

国家、つまりいまだ覚醒前の大衆、特権階級、そして双方の代表者である政府と行政というカーストは、最初のうちこそ大小さまざまな障害を設けてきます。この点は重々承知しています。

障害が本物の障害になった時、私たちは多数となり、そこに立錐の余地もないほど多数になった時、すべての障害は打ち破られるのです。今はまだ、単なる予測、空想、不安の中の障害に過ぎません。すでに私たちには分かっています。その時が来たら、あらゆるものが私たちの道を塞ぐことでしょう。今は、むしろ何もせずにいましょう。

まずはそこにたどり着いてからです。少人数でも前に進めば、人数も増えていきます。民衆《フォルク》に暴力を振るうことができるのは、民衆自身以外の何者でもありません。

そして民衆の大部分は不正義へと、自分で自分の肉体と魂を傷つける方へと向かっています。私たちの精神が十分に強靱でもなく、感受性も豊かではないないからです。

私たちの精神は、燃え上がり、光を放ち、誘い、魅了しなくてはなりません。

それは話すことだけでは不可能です。どんなに荒々しくても、怒りに震えていても、穏やかであったとしても、話すだけではだめなのです。

それができるのは、実例だけです。

これから起こることを、私たちは実例を挙げて語らねばなりません。

実例と犠牲的精神。過去も現在も未来も、理想のためには犠牲に次ぐ犠牲がつきものです。常に反乱があるゆえに。こんな風に生きていくことが、常に不可能だからゆえに。

そして今必要なのは、それに加えて別の種類の犠牲、つまり英雄的な犠牲ではなく、正しい生き方の例を示すための、静かで控えめな犠牲を重ねていくことです。

そうすることで少数は多数となり、多数になってもまだ少なくなります。数百、数千、数十万ではまだ少なすぎます。

数が増えれば増えるほど、それでもまだ足りなくなるのです。

しかし障害は克服されていきます。なぜなら正しい精神に立脚する者は、建設を通じてもっとも強大な障害をも破壊するからです。

そしてついに、長きにわたって燃えくすぶっていた社会主義が、ついに光を放つようになるのです。より大きな安定を手に入れた人びと、民衆《フォルク》は知ることになるでしょう。彼らは社会主義を、それを実現する手段を完全に手中に収めている。しかし、たった一つだけ欠けているものがある。それが土地なのだと。そして彼らは土地を解放するでしょう。なぜならば、もはや誰も民衆《フォルク》の邪魔をする者はいないからです。民衆《フォルク》自身が、もはや邪魔者ではなくなっているからです。

社会主義を打ち立てるために自身の力を行使することを欲する人びとが、呼びかけを受けているのです。現在こそが真実であり、そして今実行していないこと、すぐにでも着手しないことは、永遠に実行には移されません。重要なのは民衆《フォルク》であり、重要なのは社会であり、重要なのは共同体《ゲマインデ》であり、重要なのは自由、美、生きる喜びなのです。私たちは戦闘開始を呼びかける人を必要としています。私たちは、この創造的な欲求に満たされた人びとを必要としています。私たちは行動する人を必要としています。行動する人、始める人、先駆者が、社会主義を呼びかけられている人でもあるのです。

始める人、行動する人

この言葉、その背後にある思いが語られた時、すでに聞く耳を持たなかった人には、ここで別れを告げましょう。人びとに語りかけるきっかけを作ろうと聞き慣れた言葉を口にした途端、暫定的で慣用的に使われてきたそれらの言葉が、表現の面で誤用されている、もしくは不十分であるとして拒否されてしまうことがありますが、それと同じようなことが、この社会主義という言葉にも起こらないとは限りません。恐らくこの呼びかけは、より良い、より深い、より賢明な道を見つけるための始まりとなるでしょう。しかし今、全員が知っておくべきことがあります。それは、私たちの社会主義というものは、表面的な安逸、牧歌的な田園生活、経済や生活必需品の労働にだけ献身する冗長な生活とは、何の共通点も持たないということです。ここでは経済について多くを語ってきました。経済は私たちの分身とも言える基本だからです。しかしそれはあまりにも基本的であるがゆえに、あまり語られる必要がなくなっています。この時代にあって、生計の手段も居場所も持たないさすらい人よ、迷える人よ、放浪者よ、無宿の人びとよ、浮浪者よ、互いに挨拶を交わすのです。時代を超えて創造を続けてきた芸術家諸君よ、互いに挨拶を交わすのです。天火の中でしなびていくような人生を過ごすことをよしとしない老兵たちも、互いに挨拶を交わすのです。今日、戦争、剣の響き、野蛮に満ちた世界にあるものは、不毛と貪欲に被せられた迷える仮面に過ぎません。自制心、誠実、騎士道精神は、驚くほど希有なものになりました。言葉少なき者、言葉なき者、ひと言の言葉すら口をつくことのない心の奥底に予感を宿す人びとよ、諸君も互いに挨拶を交わすのです。未知なる偉大さ、語られない闘争、魂の深い苦悩、野生の喜びと悲しみが、個人にとっても民衆《フォルク》にとっても、今や人間性の一部ともなるでしょう。画家、詩人、音楽家諸君、諸君にはそれが分かっています。新たなる民衆《フォルク》から発せられるべき激情、情熱、甘美を語る声は、すでに諸君から発せられています。若い男たち、壮健な男たち、経験ある老人たち、優美な女たちは、私たちの内なる荒野で孤立して生きています。自分たちが思っている以上に、子供のような心を持った人間があちこちに増えています。彼ら全員の中には、大いなる喜びと大いなる痛みへの信仰と確信が生きていて、それがいつか人類を新たにまとめあげ、かたちとなり、前進させます。痛みよ、聖なる痛みよ、来たりて我らが胸を痛めよ、汝のなきところには、決して平和は訪れないのだから。数は少ないかもしれませんが、あなたがた全員に呼びかけているのです。その心の中で夢が笑い、泣いているすべての人びと。行動に胸弾ませるすべての人びと。心の奥底に喜びを感じている人びと。今日私たちを取り巻き、窮乏や苦難とも呼ばれている不条理と悪意に起因する卑しさのせいで絶望するのではなく、原因、妄想、現実の困難に対して絶望感をいだきつつあるすべての人びと。今は孤独だけれども、かたち、つまり創造力を集結させた形象やリズムを自分の中に持つすべての人びと。心の奥底から命令の声を上げられるすべての人びとに呼びかけています。永遠の名において、精神の名において、真実に、道になろうとする形象の名において、人間性は滅びてはなりません。今日、時としてプロレタリアートと呼ばれ、時としてブルジョワジーと呼ばれ、時として支配階級と呼ばれている、上を見ても下を見てもあちこちに存在する灰色の分厚いぬかるみ。それは吐き気をもよおすようなプロレタリアートに他なりません。こうした貪欲、飽満、退廃を醜く不快に歪めた人間のカリカチュアが動きだして伸びをするなど、もはやあってはなりません。それが私たちを汚し窒息させることも、もはやあってはなりません。全員が呼びかけを受けているのです。

これはほじまりの言葉です。まだまだお話ししなければならないことはあります。それを語っていかねばなりません。私によって、そして今ここで呼びかけた人びとによって。

《付録》

社会主義同盟十二箇条

一九〇八年六月十四日

第一条　社会主義文化の基本形態は、自立的に運営され、相互間で公正に交換を行う経済的共同体の連合である。

第二条　社会主義同盟は、国家や資本主義経済にとって代わって、歴史が指し示す道を歩むものである。

第三条　社会主義同盟はその努力目標として、共和制という言葉をその本来の意味、すなわち、公共の福祉という意味において受容する。

第四条　社会主義同盟はその努力目標として、アナーキーをその本来の意味、すなわち、自由意志の結合による秩序という意味において宣言する。

第五条　社会主義同盟は、社会主義同盟が掲げる社会秩序を求めるすべての働く人びとを包含する。その使命は、資本主義と暴力国家の不可避的な付属物であるプロレタリア政治でも階級闘争でもなく、社会主義のための闘いであり組織化である。

第六条　社会主義同盟の真の力は、大衆の大多数がそこに加わってはじめて発揮される。そこに至るまでは、プロパガンダと結集がその課題となる。

第七条　社会主義同盟の構成員は、みずからの労働を消費のために位置づけることを求める。

第八条　社会主義同盟の構成員は、みずからの労働の生産物を交換銀行の助けを借りて交換するため、その消費の力を結合する。

第九条　社会主義同盟の構成員は、社会主義同盟の内地植民地に先駆者たちを派遣して、大地からの産物も含めて自分たちが必要とする物資すべてを、可能な限り自分たちの手で生産する。

第十条　文化は、技術や欲求充足の一定のあり方ではなく、正義の精神に基礎を置くものである。

第十一条　これら入植地は、もっぱら正義と喜びに満ちた労働の模範であるべきであり、目的達成の手段であってはならない。目的が達成されるのは、大地や土地が、売買以外の方法で社会主義者たちの手にわたった場合のみである。

第十二条　社会主義同盟は、転換期における大規模かつ抜本的な措置を通じて、土地と大地の私的所有を廃止するための権利、およびにそのための力の獲得を目指し、公正の原則のもとに自立的に運営され、交換を行う共同体《ゲマインデ》に産業と農業経済を統合することで、すべての民衆同胞が文化と喜びの中で生きるための可能性の提供を目指す。

人名解説

4頁▼フリードリヒ・アドラー（Friedlich Adler）1897-1960

第一次大戦前のオーストリアを代表する社会主義者、ヴィクトル・アドラー（Victor Adler）の息子。第一次世界大戦中のフリードリヒ・アドラーは、オーストリアの労働運動内部における社会主義左派の代表的指導者であった。軍事政権と対立していたアドラーは、一九一六年、オーストリア首相のシュテュルク伯爵を射殺。死刑判決を受けるも刑は執行されていない。一九一八年以降、労働者評議会の代表、その後社会主義労働者インターナショナルの書記長に就任している。

4頁▼クルト・アイスナー（Kurt Eisner）1867-1919

第一次世界大戦前は、機関誌『前進（*Vorwärz*）』の暫定編集長。歴史家としてはヴィルヘルム・リープクネヒトの伝記で名高い。一九一八年一月から十月の軍需産業労働者のストライキに参加したことで投獄される。バイエルンでの革命勃発に重要な役割を果たす。一九一九年、州議会開会に向かう途上で、アルコ・アウフ・ファーライ伯爵によって射殺される。

12頁▼ピョートル・アレクセイヴィチ・クロポトキン（Petr Alexejevich Kropotkin）1842-1921

元々はロシア皇帝に士官した有名な探検家でもあったが、後に初期アナーキズムを代表する指導者の一人となる。彼の代表的な命題は、「相互扶助」という思想によって表現される。同時に、国家が掲げるに思想に対抗する連邦主義の代表的人物でもある。生産と消費手段の共有が、彼の社会思想の重要部分を占めている。死の直前に長かった亡命生活からロシアに帰国した。

ドイツ語で出版されている彼の主著には、『倫理学〔その起源と発達〕（*Ethik*）』、『相互扶助論（*Mutual Aid*）』、『ある革命家の手記（*Memoirs of a Revolutionist*）』（全二巻）がある。

49頁▼カール・カウツキー（Karl Kautsky）1854-1938

正統派マルクス主義を代表する人物で、中でもエンゲルスの系列に連なり、一時エンゲルスの個人秘書も務めていた。『エアフルト綱領』の策定にかかわり、初期社会主義の理論誌『新時代（*Die Neue Zeit*）』の創刊者にして編集長も務めている。ロシアのボルシェヴィズムだけでなく、エドゥアルト・ベルンシュタインとローザ・ルクセンブルクとも激しく対立。その主著には『唯物史観（*Materialistische Geschichte*）』（全二巻）がある。

70頁▼ピエール・ジョセフ・プルードン（Pierre Joseph Proudhon）1809-1865

フランスの社会主義者。社会の形態に基づいて相互的に職務を遂行するシステム（相互主義）をめぐって、時にマルクスと激しく対立した。国家からの強制を拒否、あらゆる形態の中央集権主義を敵とした。自説を実現するために交換銀行の設立を提案する。プルードンは長期間ベルギーで亡命生活を送った。その主著には、『連合の原理（*Du Principe fédératif*）』、『経済的諸矛盾の体系（*Système des contradictions économiques ou*

Philosophie de la misère)』がある。

72頁▼ジュゼッペ・ガリバルディ（Giuseppe Garibaldi）1807-1882
　イタリア自由主義左派の戦士にして指導者。イタリア統一への発展過程できわめて重要な役割を果たす。義勇軍の司令官としてロマン主義的人物像となる。

73頁▼ミハイル・アレクサンドロヴィチ・バクーニン（Michail Alexandrovich Bakunin）1807-1882
　ロシアのアナーキスト。一八五一年に帝政ロシアに送還されるまで、フランス、スイス、ドイツで政治活動に従事した。一八五七年にシベリアへ追放され、一八六〇年には極東を経由してロンドンにまで逃れている。第一次社会主義者インターナショナルに参加するが、一八五七年に除名。著書に『国家制度とアナーキー』がある。

76頁▼アダム・スミス（Adam Smith）1723-1790
　近代自由主義経済学の始祖。国民の福祉は全員の労働によって獲得され、収益の上昇は分業にもとづくとする。その原動力となるのは、自分の置かれた環境を向上させたいという人間の欲求である。それは個人のエゴイズムに勝るもので、全体の善に寄与する。自由競争が社会的な調和をもたらす。国家の介入はできる限り抑制的でなければならない。スミスは自由貿易と国際的な分業を求めた。その主著は『道徳感情論（*Theory of moral sentiments*）』、『国富論（*An inquiry into the nature and causes of the wealth of nations*）』。

76頁▼デイヴィッド・リカード（David Ricardo）1772-1823
　一時期下院議員を務めたこともあるリカードは、スミスの影響のもとに完成された経済学の体系を打ち立てた。経済の自由の原則、中でも自由貿易を強調し、労働を主要な生産の要因と位置づけた。彼の労働概念はのちにマルクスに大きな影響を与えた。主著は『経済学および課税の原理（*On the principles of political economy and taxation*）』。

94頁▼クララ・ツェトキン（Clara Zetkin）旧姓アイスナー（Eissner）1857-1933
　ドイツ社会主義の指導的政治家。後に共産主義者となる。社会主義の女性誌『平等（*Die Gleichheit*）』の発行に長年携わる。一九三二年、ドイツ議会（Reichstag）の議長に選出されるが、ソ連亡命中に死去。一九五七年にマルクス・レーニン協会から『語られること、書かれること（*Reden und Schriften*）』が出版された。

112頁▼エミール・ド・ジラルダン（Emile de Girardin）1806-1881
　フランス人ジャーナリストで新聞社社主。近代的な大都市型ジャーナリズムを築いた一人。

115頁▼モーリッツ・フォン・エディジー（Moritz von Egiy）1847-1898
　教義に囚われない純粋に人間的なキリスト教の先駆者。一九八四年から雑誌『融和（*Versöhnung*）』を出版。その考え方には、社会主義的・アナーキズム的な特徴も見られる。プロシア軍を中尉で退役。著作に『統一キリスト教（*Das einige Christentum*）』。

117頁▼ハインリヒ・フォン・レーダー（Heinrich von Reder）1824-1909
悲観を交えることなく、自然を情感豊かに謳った叙事、叙情詩人。『叙情素描集（*Lyrisches Skizzenbuch*）』。

117頁▼クリスチャン・ヴァーグナー（Christian Wagner）1835-1918
レオンベルクにあるヴァルムブロン村［訳註　バーデン＝ヴュルテンベルク州］の農民。世界観としての生の解釈と結びついた自然観に強く影響された抒情詩人。神秘主義的要素も。ヘルマン・ヘッセ編で『詩集（*Ausgewählte Gedichte*）』が出版されている。

143頁▼オイゲン・デューリング（Eugen Dühring）1833-1921
一八六四年から一八七七年までベルリンで私講師を務める。その後、市井で学者として活動。倫理学、経済理論、一般社会学の分野で業績を上げる。哲学者としても頭角を現す。彼の思想は非常に多面的で、実証的な要素は見られない。彼の「アンティクラティスムス（Antikratismus）」の概念は、アナーキスト的な思考に非常に近い。主著に『生命の価値（*Der Wert des Lebens*）』がある。デューリンクはまたエンゲルスとの論争でも知られている。エンゲルス著『反デューリング論（*Herrn Dührings Umwälzung der Wissenschaft*）』を参照のこと。

158頁▼シルヴィオ・ゲゼル（Silvio Gesell）1862-1930
貨幣経済学者。ミュンヘン・レーテ共和国においては一時金融担当大臣を勤める。減価していく貨幣を使用することで経済危機も回避できるとした。購買力を安定させる通貨の創出こそが彼の思想の中心であり、土地改革もまた同様である。その主著に『自由地と自由貨幣による自然的経済秩序（*Natürliche Wirtschaftsordnung durch Freiland und Freigeld*）』がある。

163頁▼フレデリク・バスティア（Frédéric Bastiat）1801-1850
フランスの自由主義的国民経済学者で、楽観論者にして反社会主義的。社会の調和は「自由放任」によって達成されるべきとする。主著に『経済の調和（*Les harmonies économiques*）』がある。

183頁▼フリッツ・マウトナー（Friz Mauthner）1849-1926
ドイツの言語哲学者、哲学史家。マウトナーにおいては、マッハから受け継いだ実証的な影響がすべての認識能力に対する著しい懐疑と結びついている。言葉と思考はほとんど同じものであるが、人間は真実を自分の言語能力のみによっては把握できない。究極の真実とは、個性、感受性、知覚された内容である。マウトナーは自身の理論によって、客観性を欠いた無神論的神秘主義に導かれていった。そこにスピノザ的な要素は認められない。近代文化史とは無神論の歴史であり、そのために精神の解放であるとした。主著は『言語批判の諸貢献（*Beiträge zu einer Kritik der Sprache*）』（全三巻）、『哲学用語辞典（*Wörterbuch der Philosophie*）』（全二巻）、『西洋における無神論とその歴史（*Der Atheismus und seine Geschichte im Abendlande*）』（全四巻）。

188頁▼ヘンリー・ジョージ（Henry George）1839-1897
社会主義的傾向を持つアメリカ人土地改革家。ジョージは貧困の原因を私的な土地の賃貸にあると考えた。土地は基本的に国家所有であるべきで、労働によって手に入れた大地の産物だけが生産者に属する。ドイツでは特にダマシュケによって支持されていた。主著は『進歩と貧困（*Progress and Poverty*）』。

188頁▼ミハエル・フリュールシャイム（Michael Flürscheim）1844-1912
ドイツの土地改革家で、ジョージに近い立場をとる。基本的に私有を認めるものの、大幅な制限をつけている。

188頁▼エルンスト・ブッシュ（Ernst Busch）1851-1893
プルードンに影響されたエルンスト・ブッシュは、中でも協同組合の思想を発展させ、そこに社会問題解決の鍵を見いだした。主著は『社会問題の解決法（*Die Lösung der sozialen Frage*）』。

188頁▼エリゼ・レクリュス（Élisée Reclus）1830-1905
近代地理学の祖の一人であり、国際的な研究者だったレクリュスは、フランスのアナーキズムの指導的人物でもあった。彼は一八七一年のパリ・コミューンでも重要な役割を果たしている。クロポトキンの親しい友人。著書は『進化と革命（*Évolution et révolution*）』。

訳者あとがき

本書は、ドイツ第二帝政期の社会主義者グスタフ・ランダウアーの講演録、"*Aufruf zum Sozialismus*"（1911）の全訳である。

ランダウアーがこの講演を行ったのは、一九〇八年五月二十六日と六月十四日の二日間、ベルリンに本拠を置く複数のアナキスト・グループが主催した公開集会でのことである。その後、ランダウアー自身の手で同講演は一冊の本にまとめられ、一九一一年に初版が出版されている。それから三年が過ぎた一九一四年、世界強国への道を指向するドイツは第一次世界大戦へと突入。一九一八年に敗戦が決定的になると、ドイツ全土が革命の波に飲み込まれ、年が明けた一九一九年初頭、ランダウアーは本書の第二版を世に問うことで人びとに社会主義を呼びかけることとなった。が、その直後、彼はミュンヘンの革命に身を投じ、同年五月、志し半ばにして反革命軍の手にかかって命を落としている。

ランダウアー死後ワイマール共和国期には、一度ならず版を重ねたこの講演録だが、ドイツの人びとが再びランダウアーの「呼びかけ」に耳を傾けるようになるには、ナチス支配と第二次世界大戦の敗戦を経験した一九六七年を待たなければならなかった。六七年版には初版序文に加えて第二版序文も収録され、本書の翻訳に際しても同版を底本として採用することとした。また同版に収録されている『社会主義同盟十二箇条』と人名解説も併せて翻訳、本書巻末に収録した。

今、「あとがき」の冒頭で、ランダウアーを「社会主義者」と紹介した。しかしグスタフ・ランダウアーという名前を聞いて確たる人物像を頭の中で思い描ける人が、果たしてどれほどいるだろうか。グスタフ・ランダウアーは、一八七〇年、南西ドイツのバーデン大公国の王都カールスルーエで靴屋を営むユダヤ人商人の家庭に生まれた。没年が一九一九年ということは、期せずしてその生涯はドイツ帝国の成立（一八七一年）とその終焉（一九一八年）に重なる。ランダウアーの生涯・思想の変遷については、本書巻頭に収録されている龍井葉二氏の「本書使用上の注意」、また一九〇七年に発表されたランダウアーのもうひとつの主著、“*Die Revolution*”の日本語版（『レボルツィオーン―再生の歴史哲学』二〇〇四年、同時代社刊）に訳者の大窪一志氏が寄せた訳者解説に詳しいので、それらを参照していただきたい。

ランダウアーを「アナキスト」の社会運動家と括る向きも少なくない。確かにその通りなのだろうが、社会運動家であると同時に演劇や文芸評論の分野でも活躍したランダウアーの著作には、政治批評の他にも小説や文芸評論が数多く含まれる。またクロポトキンの翻訳者としても知られ、二番目の妻でもある詩人・翻訳家のヘートヴィヒ・ラハマンと共に訳したオスカー・ワイルドの翻訳は現在のドイツでも文庫本に収められ、いまだに広く読まれているという。また、映画『卒業』（一九六七）でアカデミー監督賞を受賞したアメリカの映画監督マイク・ニコルズは、ランダウアーの孫にあたる。蛇足ではあるが、こんなことからもランダウアーの多才な人となりが窺えよう。

しかし、革命のただ中という死地に赴くまさにその直前に、「人びとの意志の方向性」、すなわち社会主義を呼びかけた人であるからして、やはりここでは「社会主義者」と紹介するべきであろうし、それがランダウアー本人の遺志ではないかと、そんな風に思えるのである。

訳者自身にとってのランダウアー像もまた漠としたもので、歴史の中に埋もれた一人物に過ぎなかった。そんなランダウアーが訳者の前に、血も肉も備えたひとりの人間としてまざまざと姿をあらわすきっかけとなったのが、実は本書の翻訳である。

この「呼びかけ」を日本語にするという作業がなぜ自分に託されたのか、正直、いまだに分かりかねるところがある。にもかかわらず本書の翻訳の話をいただいたとき、数十年ぶりに耳にした「ランダウアー」という名前の響きが妙に懐かしく、ただそれだけの理由で、うかつにも二つ返事で引き受けてしまったというのが本当のところだ。

訳者にとってランダウアーとは、学生時代、いわゆるヴィルヘルム時代のドイツ社会民主党史を追っていく中で登場した脇役の一人であり、ミュンヘン・レーテ共和国の興亡のさなかで非業の死を遂げたアナキスト以上のものではなかった。また翻訳を引き受けるに当たって、自分自身のマルクス主義理解がいかに不十分であるか、それも十分に自覚していた。マルクスが単なる思想史や経済史の一ページになってしまった、そんな安穏とした時代に学生生活を送った自分が、どう考えても適任であるはずがない。

マルクス主義関連の文献にしても、当時の平均的な学生に比べれば読んでいるほうなのかもしれないが、たとえそうだとしても、最初は参考文献として手にとったに過ぎない。そもそもドイツ社会民主党に興味を持ったのも、マルクスおよび社会主義とはまったく関係がない。まずはヴィリー・ブラント元首相がワルシャワのゲットーで跪き歴史と向き合う姿に彼我の違いを知らされて愕然とし、次の首相を務めたヘルムート・シュミット、さらには院内総務として辣腕を振るった共産党出身のヘルベルト・ヴェーナーといった一筋縄ではいかない人物を含め、二十世紀後半の西ドイツ社会民主党の政治家たちに単純に興味を抱いたからである。

その後大学を離れ、ドイツ、イタリア、再び日本で暮らし、まがりなりにも翻訳の仕事を続けていく中、マルクスをパラパラと読み返したり、またワイマール共和国以降のドイツ史を思うことはあっても、ドイツ革命に至る時代と人びとを振り返ることはほとんどなかった。それが今、いったい何の縁なのか、たまたまそういう時代が巡ってきたからなのか、世紀転換期の社会変革の思想を相互扶助的な側面から紹介する作業の一端を、こうして自分が担うことになった。不思議ではあるが、それもまた、「なぜ、今、ランダウアーなのか?」という、翻訳の作業を終えてからもなお自分の中で問い続けている問いに、どこか通じるような気がしてならない。

ただ、そんな生半可なことであるから、翻訳を始めた途端さまざまな壁にぶち当たり、たちまち後悔の念にさいなまれたのは想像に難くない。そのたびに監修の龍井氏から叱咤激励、適切なアドバイスをいただいて、どうにかこうにか最後までたどり着くことができた次第である。また『レボルツィオーン』の訳者である大窪一志氏にも、初稿の段階から拙い原稿に実に丁寧に目を通していただき、多岐にわたるご意見をいただけたのは、訳者にとって大きな助けであり喜びだった。そして本書に携わる全員をつないでくれたのが、世代的に一番若い同時代社の高井隆氏である。また高井氏を通じて届けられた病床の同時代社社長・故川上徹氏からのメッセージには、どれほど励まされたことだろう。ここに名前を挙げたすべての方々の忍耐とご厚意には、感謝の言葉も見つからない。

　初版の序文でランダウアーはこう書いている。「他者をみずからの元へと呼び寄せることこそ、言葉が常に持っている使命のひとつであり、まさにそれこそが、同講演で私が意図したところ」であると。だとしたら、誰かがランダウアーの言葉を伝え、「呼びかけ」をつないでいかなければならない。訳者自身もどこからか聞こえてくる声に呼びかけられ、ランダウアーのもとへと呼び寄せられた一人なのだろう。本書がそんな「呼びかけ」をつないでいく一助となるのであれば、訳者にとってこれほど嬉しいことはない。

二〇一五年三月

訳　者

●著者略歴

グスタフ・ランダウアー（Gustav Landauer）

1870年、南西ドイツのカールスルーエ近郊に生まれる。ベルリン大学、ハイデルベルク大学、シュトラスブルク大学で哲学・神学を学ぶ。ドイツ社会民主党青年派分派を経て、独立社会主義者として活動。ドイツ・ロマン派、ニーチェ、プルードン、クロポトキンの影響の下に独特なロマン主義的分権・連合・協同社会の思想を展開し、ベンヤミン、フーバー、ティリッヒ、ラガツらに影響をあたえた。マイスター・エックハルトなど中世キリスト教神秘主義者の研究者としても知られる。1919年、ミュンヘン・レーテ共和国の教育・文化大臣としてレーテ革命をになったが、同年5月、反革命義勇軍によって虐殺された。

著書に、『レボルツィオーン—再生の歴史哲学』（大窪一志／訳、同時代社）がある。

●訳者略歴

寺尾 佐樹子（てらお さきこ）

1959年東京都生まれ。

慶應義塾大学文学部史学科卒業。同大学院文学研究科修士課程修了後、ドイツ、イタリア生活を経て帰国。翻訳者（映像翻訳を含む）。

おもな訳書に『ヴェルジィのサン・ヴィヴァン修道会—ブルゴーニュの懐に抱かれたクリュニー修道院』（サン・ヴィヴァン修道院協会、共訳）、『ドイツワイン』、『世界のワイン図鑑 第七版』（いずれもガイアブックス、共訳）などがある。

自治－協同社会宣言——社会主義への呼びかけ

2015年5月20日　初版第1刷発行

著　者　グスタフ・ランダウアー
訳　者　寺尾佐樹子
編・解説　龍井葉二
編集協力　大窪一志
組版・装丁　閏月社
発行者　高井　隆
発行所　株式会社同時代社
〒101-0065　東京都千代田区西神田2-7-6
電話　03(3261)3149　FAX　03(3261)3237
印刷　モリモト印刷株式会社

ISBN978-4-88683-779-0